Bernhard von Kugler

Analekten zur Geschichte des zweiten Kreuzzugs

Bernhard von Kugler

Analekten zur Geschichte des zweiten Kreuzzugs

ISBN/EAN: 9783743661417

Hergestellt in Europa, USA, Kanada, Australien, Japan

Cover: Foto ©ninafisch / pixelio.de

Weitere Bücher finden Sie auf **www.hansebooks.com**

VERZEICHNIS

DER

DOCTOREN

WELCHE

DIE PHILOSOPHISCHE FAKULTÄT

DER

KÖNIGLICH WÜRTTEMBERGISCHEN EBERHARD-KARLS-UNIVERSITÄT

IN TÜBINGEN

IM DEKANATSJAHRE 1876—1877

ERNANNT HAT.

BEIGEFÜGT IST:

ANALECTEN ZUR GESCHICHTE DES ZWEITEN KREUZZUGS
VON Dr. BERNHARD KUGLER.

TÜBINGEN
DRUCK VON LUDWIG FRIEDRICH FUES
1878.

Unter dem Decanate des Professors Dr. W. S. Teuffel 1876/77 sind zu Doctoren der Philosophie ernannt worden:

1876.

Wilhelm Heyd, Oberstudienrath, Oberbibliothekar in Stuttgart, honoris causa 26 März.

Theodor Schott, Professor, Bibliothekar in Stuttgart (neuere Geschichte) 27 März.

Carl Heinrich Johann Hermann Schiller, Director des Gymnasiums in Constanz (alte Geschichte) 28 März.

August Kerckhoffs, Professor in Melun (moderne Philologie) 30 März.

Joseph Häussner aus Bühl, Gymnasiallehrer in Freiburg (classische Philologie) 8 April.

Paul Carus aus Stettin, cand. phil. (classische Philologie) 20 Mai.

Friedrich Lippmann, Custos am k. k. Museum für Kunst und Industrie in Wien (Kunstgeschichte) 3 Juli.

Wilhelm Gassenmeyr aus Stuttgart, phil. cand. (classische Philologie) 8 Juli.

Hermann Grassmann, Professor am Marienstiftsgymnasium in Stettin, honoris causa 18 Juli.

Richard Garbe aus Stettin, phil. cand. (orientalische Philologie) 20 Juli.

Georg Wenker aus Düsseldorf, phil. cand. (germanische Philologie) 20 Juli.

Richard Weitbrecht aus Heumaden, Repetent am Seminar Urach (germanische Philologie) 29 Juli.

Adolf Holtzmann aus Heidelberg, phil. cand. (germanische Philologie) 4 Aug.

Friedrich Schugt aus Bonn, phil. cand. (germanische Philologie) 4 Aug.

Otto Kamp aus Cöln, phil. cand. (germanische Philologie) 4 Aug.

Friedrich Braun aus Kirchheim, Repetent am evang.-theol. Seminar in Tübingen (Philosophie) 4 Aug.
Georg Kempter aus Ravensburg, theol. cand. (neuere Geschichte) 8 Aug.
Carl Ferdinand Friedrich Müller aus Stuttgart, theol. cand. (Geschichte) 8 Aug.
Robert Llugwy Owen aus Wales (Philosophie) 16 Aug.
Paul Mezger aus Calw, Repetent am Seminar Maulbronn (Philosophie) 24 Oct.
Hermann Paul Dopffel aus Mergentheim, theol. cand. (Geschichte) 24 Nov.
Johann Belser aus Villingendorf, Gymnasialvicar in Ellwangen (classische Philologie) 15 Dec.
Lysander Chadzi-Konstas, phil. cand. aus Saloniki (classische Philologie) 15 Dec.
Johann Baptist Krallinger, Realienlehrer in München (Geschichte) 15 Dec.
Sigmund Teuffel aus Tübingen, Repetent an Gymnasium und Realschule in Tübingen (classische Philologie) 19. Dec.
Friedrich Prumler aus Wien, Lehramtscandidat (alte Geschichte) 23 Dec.

1877.

Johann Joseph Hermes aus Trittenheim, Gymnasiallehrer in Prüm (germanische Philologie) 13 Febr.
Thomas Volz aus Degmarn, Präceptoratsverweser in Rottweil (alte Geschichte) 13 Febr.
Heinrich Köstlin aus Tübingen, Pfarrer in Maulbronn (Aesthetik) 23 März.
Carl Feyerabend, Gymnasiallehrer in Frankfurt a. M. (classische Philologie) 24 März.
Wilhelm Schulze aus Sölde in Westfalen, phil. cand. (germanische Philologie) 24 März.

Dr. BERNHARD KUGLER
ORDENTLICHER PROFESSOR DER GESCHICHTE AN DER UNIVERSITÄT TÜBINGEN

ANALECTEN

ZUR

GESCHICHTE DES ZWEITEN KREUZZUGS

Digitized by the Internet Archive
in 2014

https://archive.org/details/analectenzurgesc00kugl

Die folgenden Erörterungen zeigen eine breite, eine, wie ich wohl weiss, zum Theil recht breite Diction. Aber sie enthalten nicht blos eine Zusammenfassung neuerer Studien zur Geschichte des zweiten Kreuzzugs und führen nicht nur die Forschung an einigen Punkten weiter fort, sondern sie stellen sich auch als Antikritik der Kritik gegenüber, mit welcher Giesebrecht im vierten Bande der Geschichte der deutschen Kaiserzeit die Ergebnisse meiner „Studien zur Geschichte des zweiten Kreuzzugs" hie und da angefochten hat. In solchem Falle darf man, wenn man nicht einfach Behauptung gegen Behauptung stellen will, nicht auf kurze Worte sich beschränken. Nur umfassende Erwägungen aller einschlägigen Fragen können eine feste Überzeugung für die eine oder die andere Ansicht hervorrufen; und es ist besser, sich dem Vorwurfe pedantischer Umständlichkeit auszusetzen als der Beschuldigung, die ich mehr fürchte, noch irgend welche zur Entscheidung der vorliegenden Controversen dienliche Punkte nicht völlig ausreichend behandelt zu haben.

Inhalt.

		Seite
I. Wilhelm von Tyrus		1—13
II. Der Ursprung des Kreuzzuges		14—56
1. Der Hülferuf der syrischen Christen		14—24
2. Das Schreiben des Papstes Eugenius III		24—44
3. Das Rundschreiben des heiligen Bernhard		44—56
III. Der Zug des deutschen Heeres		57—73

I.
Wilhelm von Tyrus.

Lange Zeit hindurch ist es streitig gewesen, ob der Bericht, welchen Wilhelm von Tyrus vom zweiten Kreuzzuge gegeben hat, als eine Originalarbeit betrachtet werden darf oder nicht. Die Verwandtschaft seiner Erzählung mit den entsprechenden Abschnitten der Gesta Ludovici VII hat dazu geführt, bald den Verfasser der Gesta als den eigentlichen Quellenschriftsteller und Wilhelm von Tyrus nur als Copisten anzusehen, bald auch das umgekehrte Verhältniss beider Autoren zu einander anzunehmen. Vor einigen Jahren habe ich sodann den Versuch gemacht (vergl. meine „Studien zur Geschichte des zweiten Kreuzzuges"), den alten Streit durch den Nachweis zu schlichten, dass keiner der beiden Chronisten direct von dem andern abgeschrieben, vielmehr jeder der Beiden eine dritte, für uns verloren gegangene Quellenschrift benutzt und theils copirt, theils auch ein wenig umgebildet habe. Hiergegen hat nun aber Ludwig Streit in den Forschungen zur deutschen Geschichte XVII 618 f. hervorgehoben, dass Wilhelm von Tyrus dennoch der originale Autor und die Quelle sei, aus welcher der Verfasser der Gesta zwar nicht direct, wohl aber durch Vermittelung anderer Schriftwerke geschöpft habe. Denn das Buch Wilhelms sei erstens ins Französische übersetzt und dabei auch hie und da umgearbeitet worden; von dieser Übersetzung (der sogenannten Estoire de Eracles empereur) seien dann die Abschnitte, welche den zweiten Kreuzzug behandeln, fast unverändert in die „grandes chroniques de France" übergegangen; und die Gesta seien drittens nichts weiter als eine wortgetreue Übersetzung desjenigen Theils der grandes chroniques, welcher die Geschichte Ludwigs VII enthält.

Streit hat hiermit vollkommen Recht und beendigt ohne Frage die Discussion über das Verhältniss der Gesta Ludovici VII zu Wilhelm von Tyrus. Wir können jetzt im Einzelnen verfolgen und nachweisen, wie die Gesta aus dem Texte Wilhelms entstanden sind. Sie enthalten manche auffallende Irrthümer, manche Kürzungen, manche Zusätze, die grossentheils fast unbegreiflich erschienen, wenn der Autor der Gesta den Text Wilhelms selber vor Augen gehabt haben sollte. Nun aber vermögen wir klar zu erkennen, wie zunächst der Verfasser der Estoire de Eracles empereur beim Übersetzen Fehler machte oder beim Kürzen seiner Vorlage Wendungen gebrauchte, die zu Missverständnissen führen konnten, und wie sodann der Autor der Gesta die Fehler des französischen Textes noch vergrösserte, die ihm nahe gelegten Missverständnisse in der That beging und durch dieselben endlich veranlasst wurde, kleine Zusätze zu machen, die nur Irriges enthalten.

Streit hat aber diese Beziehungen der genannten Schriften zu einander nur im Allgemeinen festgestellt: die Art, wie der Text Wilhelms schrittweise bis zum Wortlaut der Gesta verderbt worden ist, hat er nur an einem wenn auch schlagenden Beispiel gezeigt; und so dürfte es wohl als gerechtfertigt erscheinen, seiner Erörterung die Besprechung einiger weiteren Textesstellen hinzuzufügen, zumal eben diese Stellen es sind, welche seit Jaffé's Aufsatz über Wilhelm und die Gesten (vergl. Zeitschrift für Geschichtswissenschaft, 1844,

II 572 ff.) die meisten kritischen Bedenken hervorgerufen haben und die ausserdem noch für die Geschichte des zweiten Kreuzzuges selber eine eingehendere Prüfung verdienen.

Wilhelm erzählt lib. XVI cap. 19 beim Abmarsch der Kreuzfahrer aus der Heimath im Frühling 1147, die Schaaren derselben seien so zahlreich gewesen, dass die Könige Konrad und Ludwig beschlossen hätten, getrennt zu marschiren. Er und seine Plagiatoren berichten hierüber wie folgt:

Will. Tyr.	Estoire	Gesta
(s. Recueil des historiens des croisades. Hist. occid. I, 2, wo Wilhelm und die estoire de Er. emp. abgedruckt sind).	(vergl. les gr. chron. ed. Paulin Paris III 364).	(Duchesne Historiæ Francorum SS. IV 393).
Segregatim igitur proposuerunt incedere, et separatos abinvicem exercitus ducere ea videlicet ratione etc.	Cil dui grant scingneur deviserent que porce qu'il avoient si grant planté de gent, il n'iroient mie ensemble etc.	Isti duo magni Principes prius ordinaverant, quod simul ire non poterant, propter multitudinem populi utriusque exercitus.

Darauf wird in Kürze geschildert, wie beide Kreuzheere durch Ungarn und Griechenland gezogen und beide nach Konstantinopel gekommen sind.

| Will. Tyr. l. c. | Estoire (les gr. chron. III 365). | Gesta l. c. |
| Inde cum domino Manuele Constantinopolitano imperatore habito familiarius colloquio, transcursis feriis quæ ad recreationem exercituum, et quietem post tot labores vide- | ... là sejornerent ne sai quanz jorz, comme cil qui estoient las et se garnirent de choses qui leur failloient. A l'empereur Manuel parlerent de meintes choses assez priveement; à cel jor | ... ubi per aliquos dies quieverunt, et de rebus necessariis, quæ sibi defuerant, sarcinas repleverunt, et cum Imperatore Manuele satis privatim duo magni Principes sunt locuti ... |

Will. Tyr.	Estoire.	Gesta.
bantur necessariæ, transito Hellesponto ... in Bithyniam ... castrametantur legiones universæ in pago Chalcedonensi.	passerent le bras Seint Jorge ... Lors entrerent en Bithine ... Toutes les compaignies ensemble se logierent devant la cité de Calcedoine.	Brachium sancti Georgii ... transfretarunt ... intraverunt terram Bitiniac ... ante urbem Calcedoniæ castra metatæ sunt utriusque exercitus legiones.

Hieran schliesst sich eine Erörterung über die umfassenden Rüstungen des Sultans von Ikonium und über die Stärke der Kreuzheere, die ihn nun unmittelbar bedrohten, und dann wird fortgefahren:

Will. Tyr. cap. 20.	Estoire (les gr. chron. III 367).	Gesta l. c. p. 394.
Interea dominus imperator Conradus, transjectis universis trans Bosphorum legionibus, cum paucis et familiaribus admodum principibus, sumpta a domino imperatore licentia, navigio eundem Bosphorum superans, exercitus iter jubet arripere, constitutis super singulas legiones singulis principibus: inde relinquens a læva Galatiam et Paphlagoniam, et utrumque Pontum, a dextris vero Phrygiam, Lydiam et Asiam minorem, per mediam iter agens Bithyniam ... totam illam transcurrit regionem.	Li empereres Corraz quant il ot passée cele mer que l'en apele le Bras Seint Jorge, si volt aler par soi, et fist ses batailles à la guise de son païs. Chevetainne mist en chascune des plus hauz homes qu'il avoit; à senestre lessa la terre de Galate et Paflagoine et deus terres de que chascune a non Ponte; à destre remest Frigelide (sic) et Ayse la petite.	Postquam Imperator illud mare, quod dicitur Brachium sancti Georgii, pertransivit, per se voluit ire, et exercitum suum ab exercitu regis Franciæ separavit. Tunc acies suas secundum morem patriæ suæ disposuit, et de nobilioribus Baronibus, quos secum habuit, cuilibet aciei Capitaneum assignavit. A sinistra parte dimisit terram Galatiæ et Paphlagoniæ, et duas alias regiones, quæ eodem nomine vocantur Ponti. A sinistra (sic) parte remansit Phrygia, Lydia, et minor Asia.

Nun folgt in ziemlich lang gedehnter Erzählung der Untergang des deutschen Heeres durch Mangel an Lebensmitteln und durch unglücklichen Kampf mit den Türken. Mit dem Anfang von cap. 23 kommt Will. Tyr. auf die Franzosen zurück.

Will. Tyr.	Estoire (les gr. chron. III 373).	Gesta l. c. p. 397.
Interea rex Francorum pene eisdem subsecutus vestigiis cum suo exercitu pervenerat Constantinopolim: ubi modico tempore secretioribus cum Imperatore usus colloquiis, et ab eo honorificentissime, et multa munerum prosecutione dimissus, principibus quoque suis plurimum honoratis, inter urbem regiam et mare Ponticum ... transito mari, in Bithyniam descenderat ... deliberans qua via incedendum esset, et de domino imperatore, qui cum praecesserat, nova diligentius investigans: et ecce nuntiatur dominum imperatorem, amisso exercitu, vagum et profugum, cum paucis principibus evasisse.	Quant li rois de France qui venoit après fu entrez en Bitine ... il prist conseill à sa gent quel voie il tendroit, lors commença l'en par l'ost à dire une nouveles que l'emperere avoit esté descomfiz et perdue sa gent, si s'enfuioit tapissant par buissons et par montengnes o petite compaignie.	Rex Franciæ et eius exercitus adhuc ignorans infelicem casum qui Theutonicis acciderat, in partem alteram se divertit, in terram Bithiniae ... ibi consuluit Proceres, per quas vias possent expeditius de cetero equitare. Tunc coeperunt oriri rumores per exercitum, quod Imperator a Turcis devictus fuerat, et perdiderat gentem suam, et quod cum paucis suorum per montes et nemora fugerat latitando.

Bald darauf treffen die Könige Konrad und Ludwig zusammen

und beschliessen, die Kreuzfahrt von nun an gemeinsam fortzusetzen, was unsre Autoren in folgenden Worten mittheilen.

Will. Tyr. l. c.	Estoire.	Gesta l. c.
... ordinant proposito insistere et simul junctis agminibus proficisci.	... accordé fu et devisé qu'il iroient ambedui ensemble por acomplir la besongne Nostre Seingneur à leur pooir. (Les gr. chron. III 375 sagen hier noch einfacher ... qu'il iroient ensemble pour accomplir etc.)	... postea fuit taliter ordinatum, quod iterum simul viam peregrinationis repeterent, et votum quod Deo voverant pro posse suo fideliter adimplerent.

Wir haben hier also fünf Stellen aus Wilhelm von Tyrus und die entsprechenden Sätze aus seinen Plagiatoren vor uns. Der Wortlaut der Gesta weicht, wie man bemerkt, am Weitesten von dem Texte Wilhelms ab. Namentlich in der dritten und der vierten der angeführten Stellen sind die Gesten theils bedeutend kürzer als Wilhelm, theils enthalten sie aber auch Bemerkungen, von denen bei jenem keine Spur zu finden ist; und gerade diese seltsame Mischung von Verlängerung und Verkürzung des Wilhelm'schen Textes stellte der directen Ableitung der Gesten aus Wilhelm ernstliche Hindernisse in den Weg. Nun aber lässt sich hier mit Hülfe der als Mittelglied dienenden Estoire so sicher und instructiv, wie wohl nicht allzu oft im Gebiete mittelalterlicher Quellenkritik, fast Wort für Wort nachweisen, aus welchen Ursachen und in welcher Weise die Erzählung Wilhelms bis zu dem Texte der Gesta abgewandelt worden ist.

Der Verfasser der Estoire mag zunächst Anstoss genommen haben an den Mängeln, die sich in der Composition des Wilhelm'schen Berichtes finden. Denn der Erzbischof von Tyrus erwähnt schon im neunzehnten Capitel den Aufenthalt der Kreuzfahrer bei Konstantinopel und die freundlichen Beziehungen derselben zu Kaiser Manuel, und kommt trotzdem im zwanzigsten und im drei-und-zwanzigsten Capitel noch einmal je auf den Verkehr des Königs Konrad und des Königs Ludwig mit dem Griechenherrscher in Konstantinopel zurück. Die Wiederholungen, die sich Wilhelm somit zu Schulden kommen lässt, sind bei ihm zwar um so begreiflicher, als er in denselben einige vorher nicht berührte Züge aus dem Verkehr der Kreuzesfürsten mit Kaiser Manuel nachträgt; aber seinem augenscheinlich flott arbeitenden Übersetzer konnten diese schwerfälligen Recapitulationen recht wohl lästig werden, und mutmasslich aus solcher Stimmung hat er sie einfach unterdrückt.

Wilhelm wiederholte sich aber auch darin, dass er schon im neunzehnten Capitel sämmtliche Kreuzfahrer bis nach Bithynien kommen liess, im zwanzigsten Capitel sodann dem König Konrad zwischen Galatien, Paphlagonien, Phrygien u. s. w. eine Marschroute mitten durch Bithynien anwies, und schliesslich im drei-und-zwanzigsten Capitel König Ludwigs Einmarsch nach Bithynien wie etwas Neues erzählte. Hier half sich der Autor der Estoire in der Weise, dass er bei der Erwähnung Konrads nur die sonstige geographische Gelehrsamkeit Wilhelms benutzte, von Bithynien aber, in welches er die Kreuzfahrer erst ein halbes Capitel vorher hatte einrücken lassen, nicht mehr sprach, während er die Erzählung von den Schicksalen der Franzosen, die erst drei Capitel später fortgesetzt wird, an das Frühere sehr passend mit den Worten anknüpfte: Quant li rois de France fu entrez en Bitine etc. Dadurch ist schliesslich der Verfasser der Gesten in Verlegenheit gesetzt worden. Denn er fand nun zur Bestimmung der deutschen Marschroute viele andre Namen, aber kein Bithynien, und er ist offenbar deshalb zu der wunderlichen und auf grober Kurzsichtigkeit ruhenden Äusserung über König Ludwig gekommen: in partem alteram se divertit, in terram Bithiniae.

Jene Auslassungen, die sich der Autor der Estoire hinsichtlich des Verkehrs der Fürsten bei Konstantinopel erlaubte, haben aber weitere Folgen gehabt. Denn er selber begann nun die Erzählung vom Marsche der Deutschen nach Kleinasien hinein mit den sehr leicht misszuverstehenden Worten: Li empereres Corraz si volt aler par soi etc., die zwar nichts weiter zu heissen brauchen als: Konrad wollte gemäss jenem Beschlusse, die Kreuzheere nicht zu vereinigen, allein weiter marschiren; die aber auch dahin verstanden werden konnten, dass der König sich jetzt von den Franzosen trennen wollte. Und zwar lag die letztere Deutung um so näher, als Wilhelm in dem unmittelbar voraufgehenden Capitel ganz summarisch vom Marsch beider Heere bis nach Bithynien gesprochen hatte. Vielleicht ist daher sogar der Autor der Estoire in dem Irrthum befangen gewesen, dass Deutsche und Franzosen die letzten Strecken der Kreuzfahrt bis zur Ankunft in Bithynien gemeinsam zurückgelegt hätten, da er nicht blos wie Wilhelm in der zweiten der oben angeführten Stellen sagt, dass alle Heerschaaren bei Chalcedon sich gelagert, sondern dass sie dies ensemble gethan hätten. Jedenfalls aber hat seine Darstellung des Kreuzzugs den Verfasser der Gesten zu der ganz bestimmten und in demselben wirksamen Anschauung gebracht, dass die Heere zu allererst getrennt, darnach und bis zur Ankunft in Bithynien vereinigt, dann wieder getrennt und endlich zum zweiten Male vereinigt gewesen seien. Deshalb fügt dieser Autor zum Beschluss der Könige, getrennt zu marschiren, ein prius hinzu, lässt dann — ohne Frage in der Meinung, dass dies gleichzeitig geschehen sei — utriusque exercitus legiones bei Chalcedon lagern, begnügt sich darnach nicht mit dem Worte, dass Konrad allein weiter marschiren wollte, sondern setzt ausdrücklich bei: Imperator exercitum suum ab exercitu regis Franciae separavit, und bezeichnet schliesslich die nach der Niederlage der Deutschen erfolgte Vereinigung beider Heere als die zum zweiten Male, iterum geschehene Zusammenfügung aller Pilgerschaaren.

So lösen sich nun allerdings alle Schwierigkeiten, die der Ableitung der Gesten aus Wilhelm von Tyrus bisher im Wege standen. Die Gesten dürfen nicht mehr unter den Quellenschriften des zweiten Kreuzzuges genannt werden, und die Autorität Wilhelms ist insofern vollständig wieder hergestellt. Aber sofort erhebt sich nun die Frage nach dem Gewicht dieser Autorität, und gerade die oben besprochenen Stellen verlangen dabei besonders berücksichtigt zu werden.

Wilhelms Erzählung vom zweiten Kreuzzuge macht auf den ersten Blick einen sehr guten Eindruck, da sie dieselben Vorzüge zeigt wie die übrigen Theile seines Werkes. Sie ist — nur abgesehen von jenen oben erwähnten Wiederholungen — geschickt componirt, hebt die Hauptpunkte, von denen der Fortgang der Ereignisse abhängt, deutlich hervor und erfreut den Leser durch eine würdevolle Sprache. Aber bei näherer Prüfung wird der gute Eindruck erheblich gemindert, namentlich soviel den ersten Theil der Erzählung betrifft, während der zweite Theil, der die Ereignisse in Syrien, in der Heimath des Erzbischofs von Tyrus, behandelt, auch vor tiefer dringender Kritik etwas besser zu bestehen vermag. Im ersten Theil jedoch hat sich Wilhelm zunächst vom Einfluss der Sage nicht frei halten können. Er bringt da nicht gerade die allertollsten Ausgeburten erhitzter Phantasie, die wir vielmehr in noch anderen Berichten finden, aber z. B. die Sage von den Verräthereien der Griechen ist von ihm doch in vollem Umfange in die Darstellung aufgenommen worden. Sodann muss beachtet werden, dass Wilhelm eigentlich sehr wenig sicheres Detail aus der Geschichte des Kreuzzugs bis zum Eintreffen der Pilger in Syrien in Erfahrung gebracht hat und durch solchen Mangel zu einem bedenklichen Verfahren verleitet worden ist. Er hat z. B. nur eine stückweise Kenntniss von der Marschrichtung der Kreuzfahrer, und da er die von ihnen berührten Orte nicht genau zu bezeichnen weiss, so nennt er mit den der antiken Geographie entlehnten Namen die Landschaften, die sie durchzogen oder zur Seite gelassen haben mögen. Eine eigentliche Belehrung wird dadurch kaum gewährt und schliesslich bringt er die Deutschen in Gegenden, die sie nie erreicht haben. Vom Sultan von Ikonium sagt er, dass derselbe in grosser Angst vor den Kreuzfahrern Städte befestigt, Breschen ausgefüllt, die Nachbarvölker um Beistand angefleht und aus den fernsten Landen des Ostens Hülfstruppen herbeigerufen habe; aber er nennt kein besondres Gebiet, aus dem Hülfe erbeten, keine einzelne Stadt, die befestigt worden sei, so dass der Verdacht sich regt, er habe von den kriegerischen Vorbereitungen des Sultans überhaupt wenig gewusst und dieselben vielleicht nur deshalb erwähnt oder ausgemalt, weil sich ein Fürst, dem mächtige Feinde drohten, doch jedenfalls umfassend rüsten musste. Gelegentlich lässt er ganz naiv durchblicken, dass seine Erzählung zum Theil auf derartigen Voraussetzungen beruhe, z. B. beim Einmarsch der Franzosen in Laodicea, wo diese zu ihrem grossen Schrecken keine Lebensmittel fanden, während sie sich nach Wilhelm ad dies aliquot, more solito damit versahen (Will.Tyr.XVI 24).

Dieses Verfahren, allgemeine Schilderungen zu geben, wo genaue Kunde fehlt oder statt irgend welcher Kenntnisse nur Vermuthungen zu Grunde liegen, hat besonders den Anfang der Erzählung beeinflusst. Da dringt nach dem Falle Edessa's ein rumor letalis memoriae nach Europa und es giebt Leute, welche die abendländischen Nationen, desides et longa pace dissolutas, zum Kampf gegen die Türken auffordern. Wilhelm hat also von der Lage des Occidents um 1145 keine Ahnung: derselbe ist nach seiner Ansicht durch langen Frieden träg geworden, offenbar nur weil seit langen Jahren keine grössere Kreuzfahrt statt gefunden hatte. Auch weiss er so gut wie nichts von den Beziehungen der syrischen Christen nach dem Falle Edessa's zu den Völkern Europas: er füllt die Lücke mit den Leuten, qui longe lateque in populis et nationibus zum Kampf gegen die Türken aufriefen — eine bedenkliche Generalisirung des wirklichen Herganges. Sodann hat er gehört, dass der heilige Bernhard vom Papst mit der Kreuzpredigt beauftragt worden war, aber er verallgemeinert dies dahin, dass Eugenius III hervorragende Kanzelredner, unter denselben besonders den h. Bernhard, ad diversas Occidentis partes ausgesendet habe, den Fürsten und Völkern das Kreuz zu predigen; während diesen Auftrag eben nur Bernhard von Clairvaux und nur für Frankreich erhalten hatte. Die Könige Konrad und Ludwig nahmen endlich das Kreuz, rüsteten zur Heerfahrt, prout regiam decebat dignitatem, marschirten von Regensburg an südlich der Donau, a leva eundem fluvium habentes, was nur zum Theil, besonders für die Franzosen richtig ist, und kamen nach Ungarn, ubi a domino rege illius provinciae honorifice tractati sunt — eine Bemerkung, die wieder nur bei den Franzosen zutrifft, da König Geisa damals Feind der Deutschen war. Aber Wilhelm hat seine Nachricht offenbar aus französischer Überlieferung und trägt beim Mangel weiterer Kenntnisse kein Bedenken, dieselbe schlechtweg auf alle Kreuzfahrer zu beziehen.

Ähnlich steht es mit dem Verkehr zwischen Kaiser Manuel und den Königen Konrad und Ludwig zu Konstantinopel. Wir wissen aus anderen Quellen mit Sicherheit, dass das sonstige gute Verhältniss zwischen Manuel und Konrad damals mannigfach getrübt war und dass diese beiden Fürsten beim Aufenthalt der Deutschen vor den Thoren der griechischen Hauptstadt keine Besuche gewechselt, sich nicht gesehen, geschweige denn mit einander gesprochen haben, während Ludwig allerdings zu einem dem äussern Anschein nach herzlichen Verkehr mit Manuel gekommen ist und sammt den Grossen seines Heeres viele Ehrenbezeugungen von Seiten des Kaisers genossen hat. Dieses Letztere ist dem Erzbischof von Tyrus bekannt geworden: er giebt davon in der vierten der oben behandelten Stellen lib. XVI cap. 23 eine im Ganzen zutreffende Darstellung. Aber er generalisirt auch diesmal wieder die Sache und lässt deshalb die Kreuzesfürsten überhaupt, also Ludwig und Konrad, in persönliche Beziehungen zu Kaiser Manuel treten, indem die Könige nach der zweiten der obigen Stellen cap. 19 mit dem Kaiser vertrauliche Unterredung pflegen und nach der dritten Stelle cap. 20 Konrad cum paucis et familiaribus admodum principibus von Manuel Abschied nimmt. Das ist also unrichtig. Konrad hat den Kaiser nicht gesprochen und nicht, wie hier offenbar gemeint ist, persönlich von ihm Abschied genommen. Diese Stellen sind schlechtweg zu verwerfen und man kann nur noch fragen, woher wohl Wilhelm zu jenen Worten cum paucis et fam. adm. princ. gekommen sein mag. Vielleicht liegt in denselben eine Erinnerung daran, dass Konrad, nachdem das deutsche Heer den Bosporus überschritten hatte und nachdem hierdurch der Hauptgrund des Zerwürfnisses mit den Griechen aus dem Wege geräumt war, wiederum mit Manuel in bessere Beziehungen zu treten suchte. Vielleicht hat der König noch im letzten Augenblick, ehe er selber nach Asien hinüberfuhr, einige seiner Fürsten an den Kaiser gesendet, um damit gleichsam von demselben Abschied zu nehmen; vielleicht hat er auch etwas später, als er einen griechischen Wegweiser durch Kleinasien zu erhalten wünschte, dem Kaiser diesen Wunsch durch eine stattliche Gesandtschaft vortragen und eben durch dieselbe einen Abschiedsgruss aussprechen lassen. Wie dem aber auch sei, das Wesentliche an dieser Erörterung ruht darauf, dass Wilhelm fälschlicher Weise von einem persönlichen Verkehre zwischen Manuel und Konrad berichtet, mithin von den wahren damaligen Beziehungen zwischen diesen Herrschern grade im Hauptpunkte nichts weiss und als Quelle zur Erkenntniss derselben so gut wie unbrauchbar ist.

Es bleibt nach Alledem von Wilhelm von Tyrus hinsichtlich seiner Geschichte des zweiten Kreuzzuges bestehen, was ich früher von der „Urschrift" gesagt habe, die nach meiner damaligen Meinung seiner Darstellung zu Grunde lag, dass nämlich eine Schrift, die so viele Mängel zeigt, wenig Vertrauen erweckt und überall nur mit grosser Vorsicht benutzt werden darf.

II.
Der Ursprung des Kreuzzuges.
1. Der Hülferuf der syrischen Christen.

Jahrhunderte lang hat man nicht anders gewusst, als dass der zweite Kreuzzug durch Bitten der syrischen Christen um Hülfe, d. h. durch Sendungen der syrischen Fürsten an die Herrscher Europas zur Entflammung der Kampflust gegen die Türken, zu Stande gekommen sei. Endlich aber hat Sybel auf den Zustand des christlichen Syriens kurz vor dem Kreuzzug und während desselben aufmerksam gemacht und die Ansicht ausgesprochen, dass die Bewohner dieses Landes den Kreuzzug durchaus nicht hervorgerufen hätten, vielmehr von demselben vollständig überrascht worden seien. Diese Ansicht habe ich später dahin einzuschränken gesucht, dass nur in dem Reiche Jerusalem sich kein eigentlicher Wunsch nach Unterstützung durch mächtige Pilgerheere nachweisen lasse, während in Nordsyrien wenigstens ein Gefühl der eignen Unzulänglichkeit, der Sehnsucht nach ausgiebiger Hülfe vorhanden gewesen und von dem Fürsten Raimund von Antiochien selber wahrscheinlich getheilt worden sei. Neuerdings ist nun aber Giesebrecht in seiner Geschichte der deutschen Kaiserzeit Band IV ganz auf den alten Standpunkt zurückgekehrt und hat wiederum „verschiedene Gesandtschaften von Jerusalem an den Höfen der abendländischen Fürsten" mit der Bitte um Hülfe auftreten lassen, so dass nach seiner Meinung die Kreuzfahrerstaaten, und zwar das Reich Jerusalem mindestens ebenso entschieden als Nordsyrien, nachdrücklich und offiziell den Wunsch nach einem Kreuzzuge ausgesprochen haben.

Bei der Behandlung dieser Streitfrage ist vor Allem ins Auge zu fassen, dass die Armuth unsrer Quellen eine endgültige Entscheidung derselben nicht erlaubt. Wir befinden uns dem Quellenmaterial gegenüber gleichsam in der Lage eines Bergwanderers, der, auf hohem Punkte stehend, und ein unendliches Nebelmeer zu Füssen, aus dem nur einzelne Bergspitzen in weiten Entfernungen von einander auftauchen, ein Bild davon entwerfen soll, in welcher Weise der Kamm des Gebirgs die einzelnen Spitzen mit einander verbindet. Er kann darüber nur Vermuthungen äussern; er wird in letzter Instanz bei einem non liquet stehen bleiben, und eben das gilt auch für die vorliegende wie für sämmtliche folgende Streitfragen dieser Abhandlung. Andrerseits aber bleibt uns das Recht und die Pflicht, unsre Vermuthungen den kritischen Gesetzen gemäss so folgerichtig als möglich zu combiniren und andre nicht möglichst folgerichtige Vermuthungen abzuweisen.

Verfahren wir hiernach hinsichtlich des Hülferufes der syrischen Christen, so ist zunächst daran fest zu halten, dass in der That der damalige Zustand des eigentlichen Reiches Jerusalem mit einem von dort ausgehenden offiziellen Verlangen nach beträchtlicherer Unterstützung aus dem Abendlande kaum in Einklang zu bringen ist. Die Jerusalemiten waren in die kleinen Interessen ihrer gleichsam provinziellen Politik so tief versunken, dass sie zu einer grossartigeren politisch-militärischen Action, die mit einem neuen Kreuzheere von selber sich aufdrängte, keine Neigung haben konnten. Dazu kommt noch jenes vorwurfsvolle Wort des Papstes Hadrian IV aus dem Jahre 1159, dass die Könige Konrad und Ludwig dereinst ihren jerusalemitischen Feldzug inconsulto populo Terrae, minus caute begonnen hätten — ein Wort, welches ungezwungener Weise nicht anders gedeutet werden kann, als dass die Könige nicht sowohl von Jerusalem aus veranlasst, als vielmehr aus eigenem Antriebe dorthin gegangen sind. (Vergl. meine Studien zur Gesch. d. zweit. Kreuzz. a. m. O.)

Wenn dem gegenüber, wie wir gesehen haben, Wilhelm von Tyrus sagt, es habe Leute gegeben, welche longe lateque in populis et nationibus zum Kampfe gegen die Türken aufriefen, so dürfen hierunter also keine Gesandtschaften aus dem Reiche Jerusalem verstanden werden, sondern höchstens Boten aus andern syrischen Ländern oder einzelne Kreuzfahrer, deren es immer gab, Geistliche zumal, die nach dem Falle Edessa's einen Kreuzzug zur Wiedereroberung dieser Stadt ins Leben zu rufen wünschten.

Ebenso steht es mit dem Zeugniss Gerhoh's von Reichersberg, welches folgendermassen lautet: Exierunt a civitate Jerosolima frequentes nuntii, personae vultu et aetate venerabiles, adiere curias regum ac principum, ipsum quoque piae memoriae querimoniis suis papam sollicitabant Eugenium necnon et abbatem Clarevallis, columnam ecclesiae ac luminare fulgidum, episcopos et episcoporum adiere concilia etc. (s. Archiv für österreichische Geschichte XX 157). Giesebrecht findet dieses Zeugniss nicht unerheblich und lässt wohl wesentlich deshalb „Gesandtschaften von Jerusalem an den Höfen der abendländischen Fürsten, bei dem heiligen Bernhard und den Bischöfen" auftreten. Aber Gerhoh's Aussage ist in hohem Grade verdächtig, auch wenn wir uns nur an die obige „echte Fassung" derselben halten und nicht an die Darstellung in den Annalen von Reichersberg (s. Pertz, Mon. SS. XVII 461 ff.). Denn Gerhoh giebt in seinem seltsamen Buch „de investigatione Antichristi" eine kurze Erzählung vom zweiten Kreuzzug, die zwar in denjenigen Theilen leidlich klar und fehlerfrei erscheint, wo das Interesse des Autors nicht über die einfache historiographische Mittheilung hinausgeht, die im Übrigen aber von einem tendentiösen Vorurtheil beherrscht ist und in Folge davon den geschichtlichen Hergang mehrfach und gründlich verunstaltet. Gerhoh sieht nämlich in den Unglücksfällen, von denen die Kreuzfahrer betroffen worden waren, das Walten des Antichrists, der sich in der Heimtücke und Hinterlist schlechter Menschen offenbart. So ist nach seiner Meinung die Überschwemmung, welche dem deutschen Kreuzheere bei Chörobacchi Schaden zufügte, vielleicht zwar, wie in der That der Fall, durch ein plötzliches Unwetter entstanden, vielleicht aber auch dimissione aquarum, quas humanum artificium aliquo obice structo ad eorum (crucesignatorum) perniciem ac decipulam retentaverit. Als die Deutschen dann mit den Griechen in Berührung kommen, wird nicht blos König Konrad von denselben betrogen, sondern es werden auch noch — man sieht nicht recht zu welchem Zweck — einige Fürsten mit Gold und Silber bestochen. Und bei der Belagerung von Damask endlich erringt der Antichrist den grössten Triumph. Denn die Jerusalemiten, die im tiefsten Frieden mit ihren Nachbarn lebten, sollen die Kreuzfahrer nur herbeigelockt haben, um durch die Drohung mit den Waffen derselben die Damascener zu nöthigen, dass sie ihnen, den Jerusalemiten, bedeutende Geldsummen zahlten. Doch seien die Damascener noch schlauer gewesen als die schändlichen Bewohner des heiligen Landes, indem sie diesen pro auro cuprum fucatum gegeben hätten. Mit leidenschaftlichen Exclamationen gegen das treulose Jerusalem schliesst der Bericht.

Hiernach dürfte klar sein, in welcher Weise Gerhoh gearbeitet hat. Ohne Zweifel hat er viele und bittere Klagen über den Verrath der Jerusalemiten vor Damask und ebenso auch allgemeine Äusserungen über die Hülferufe gehört, die schon im Jahre 1145 etwa von heimkehrenden Orientpilgern und von einzelnen gewichtigeren Personen, wie von dem sogleich zu erwähnenden Bischof Hugo von Djebeleh, hie und da im Abendlande verbreitet worden sind. Dies hat ihm augenscheinlich genügt, um unter dem Druck der ihn beherrschenden Tendenz unwillkürlich zu combiniren: die Jerusalemiten haben den Kreuzzug zu gewinnreicher Verrätherei zu benutzen gesucht; also haben grade sie ihn und zwar des gehofften Gewinnes halber hervorgerufen: sie haben sich aber auch in ihrem argen Sinn bemüht, totum orbem zu dieser unheilvollen Pilgerfahrt zu bewegen, und haben deshalb natürlich zahlreiche Boten, Leute von ehrwürdigem Wesen, an alle entscheidenden Punkte und zu allen massgebenden Personen totius orbis geschickt, nämlich an die Höfe der Könige und Fürsten, zu den Bischöfen und deren Concilien, zum Papst Eugenius und zum Abt von Clairvaux. Hier liegt doch eine tendentiöse Ausgestaltung der Erzählung so deutlich vor, dass wir höchstens an der ganz allgemeinen Grundlage derselben festhalten dürfen, aber durchaus keine genügende Gewähr für die vielfachen „jerusalemitischen Gesandtschaften" in ihr finden können. Noch besser freilich dürfte es sein, den Bericht Gerhoh's hier und überall, wo jene Tendenz nur irgend gewirkt haben kann, vollständig unbenutzt zu lassen. Denn so lange wir nicht aufhören, aus solchen trübe fliessenden Quellen zu schöpfen, wird es auch kaum möglich sein, la fable convenue und die beglaubigte Geschichte in befriedigender Weise von einander zu trennen.

Wenn wir aber Gerhoh's Zeugniss unbeachtet lassen, so versteht sich, wie hier noch bemerkt werden mag, ganz von selber, dass die von Sage und Tendenz völlig durchtränkte Kreuzzugsgeschichte der Würzburger Annalen keine Bedeutung für die Erkenntniss der Ereignisse besitzt (s. Pertz, Mon. SS. XVI 3 ff.). Wir lesen dort zwar, dass Pseudopropheten, Teufelssöhne und Zeugen vom Antichrist das Kreuz gepredigt und die Christen verlockt haben, nach Jerusalem zu ziehen; wir entnehmen daraus jedoch nur, dass man in Deutschland nach dem unglücklichen Verlauf des Kreuzzuges voll leidenschaftlicher Bitterkeit auf denselben zurücksah und dass Gerhoh's Tendenz daher nicht einmal als eine vereinzelte oder besonders auffallende Erscheinung betrachtet werden kann.

Nach Alledem steht also hinsichtlich des Hülferufes der syrischen Christen noch nichts fest, als dass derselbe schwerlich in offizieller Weise und auch sonst nicht besonders laut und nachdrücklich aus dem Reich Jerusalem hervorgegangen sein kann.

Etwas weiter führt uns endlich die schlichte Bemerkung der Chronik von Morigny (Duchesne, Historiæ Francorum SS. IV 388. Recueil des hist. des Gaules etc. XII 88.): Venerunt ergo ab Antiochia et Hierusalem in nostram regionem Legati, a Primoribus partium illarum missi, suppliciter exorantibus, ut Francorum invincibilis probitas periculum quod evenerat emendaret, et futura repelleret. Hier haben wir also Gesandte, aber nicht blos, ja nicht einmal in erster Linie Gesandte von Jerusalem, sondern vor denselben Gesandte von dem sonst erst in zweiter Linie stehenden Antiochien. Dies macht den Eindruck, als ob die antiochenischen Gesandten dem Erzähler vornehmlich in der Erinnerung geblieben seien, ja als ob er das Wort Hierusalem vielleicht nur unwillkürlich und in Folge der Gewohnheit beigefügt habe, Alles, was zum christlichen Syrien gehörte oder aus demselben kam, schlechtweg unter der Bezeichnung jerusalemitisch zusammen zu fassen. Sagt doch derselbe Chronist eine Zeile vor der citirten Stelle, dass nach dem Falle Edessa's die Christen in regione Hierusalem adiacente von doloris immoderata angustia verzehrt waren, — eine Äusserung, die nahe genug legt, hier unter dem Reich Jerusalem das christliche Syrien überhaupt und somit unter der regio adiacens geradezu Antiochien zu verstehen. Dazu kommt noch, dass diese Gesandten von den primoribus partium illarum abgeschickt sein sollen, von syrischen Grossen also, zu denen allenfalls noch der Herr eines christlichen Nebenlandes wie Fürst Raimund von Antiochien, aber doch kaum der König von Jerusalem gerechnet werden kann.

Dies sind, wie ich gern zugebe, zum Theil etwas unsichere Erwägungen. Soviel dürfen wir aber ohne Zweifel festhalten, dass unser Chronist von dem Eintreffen antiochenischer Gesandter in Frankreich mit einiger Betonung spricht. Daraus geht für uns wenigstens die Wahrscheinlichkeit hervor, dass der Herr dieser Gesandten, Fürst Raimund von Antiochien, eine Bitte um Unterstützung nach Frankreich gerichtet hat, während andrerseits jene oben entwickelten schwer wiegenden Gründe gegen eine derartige jerusalemitische Gesandtschaft bei der kritische Bedenken erregenden Ausdrucksweise der Chronik von Morigny offenbar nicht viel an ihrem Gewichte verlieren. Und wenn Giesebrecht trotzdem sagt, er könne keine Begründung in den Quellen dafür finden, dass besonders Raimund von Antiochien die Hülfe des Abendlandes in Anspruch genommen habe, so dürfte sich diese Behauptung schon nach dem bisher Erwähnten nicht mehr ganz aufrecht halten lassen.

Wir können aber dem wirklichen Hergang der Ereignisse vermuthungsweise noch näher kommen. Denn Otto von Freising erzählt in seiner Chronik VII 33: Vidimus ibi tunc (d. h. in Viterbo, vielleicht auch noch in Vetralla November bis December 1145) Gabulensem episcopum.... Audivimus eum periculum transmarinae ecclesiae post captam Edissam lacrimabiliter conquerentem et ob hoc Alpes transcendere ad regem Romanorum et Francorum pro flagitando auxilio volentem. Ein in diesem Falle zweifellos guter Gewährsmann sagt uns also, dass damals ein nordsyrischer Bischof in Italien die Absicht ausgesprochen hat, für seine Heimath von den Königen Konrad und Ludwig Hülfe zu erbitten. Wir wissen nun zwar nicht, ob er diese Absicht ausgeführt hat; wir können auch billig bezweifeln, dass er je daran gedacht hat, die Könige selber und so übergrosse Heerschaaren, wie später geschehen ist, zum Kreuzzuge zu bewegen; andrerseits aber war eine solche Hülfsbitte bei den zwei bedeutendsten Herrschern des römisch-christlichen Abendlandes immerhin eine ungewöhnliche Massregel, die füglich nichts Anderes bezwecken konnte, als europäische Rüstungen zum Kampf gegen Imad Eddin Zenki, den Eroberer von Edessa, hervorzurufen. Wie viel oder wie wenig Gewicht man daher auch auf die Worte Ottos von Freising legen mag, das lässt sich nicht bestreiten, dass der Bischof von Djebeleh den Wunsch gehegt hat, zu Gunsten seiner Heimath irgend ein Kreuzheer auf die Beine zu bringen.

Aber die Residenz dieses Bischofs Hugo liegt in Nordsyrien und nicht in Jerusalem. Von jerusalemitischen Gesandtschaften ist also um so weniger die Rede, je weiter wir in der Prüfung der Quellenstellen von den schlechten zu den besseren fortschreiten. Hugo war ausserdem ein hervorragendes Mitglied der gesammten antiochenischen Kirche und hatte schon mehrere schwierige kirchliche und politische Geschäfte an der Seite des Fürsten Raimund und gemeinsam mit diesem erledigt. Sollen wir nun annehmen, dass dieser Bischof nur seinem eigenen Kopfe gefolgt ist, als er beabsichtigte, durch Aufforderungen zu einer Kreuzfahrt in vielleicht sehr folgenreicher Weise auf das Geschick der Heimath einzuwirken? Oder sind wir nicht berechtigt — ich möchte eigentlich sagen, verpflichtet — wenigstens die Muthmassung auszusprechen, dass Hugo mit Wissen und Willen seines eigenen, ihm nahe stehenden Landesherren diesen Plan gemacht hat, dass — mit einem kurzen Wort — wohl Fürst Raimund selber nach einigen französischen oder deutschen Heerhaufen zum Kampf gegen Zenki verlangt hat?

Wie tief man damals in dem vornehmlich gefährdeten christlichen Nordsyrien das Bedürfniss nach innigerem Anschluss an den Occident, mithin vermuthlich auch den Wunsch nach Unterstützung empfand, dürfte schliesslich noch daraus hervorgehen, dass grade in diesem selben Spätherbst 1145 Gesandte der armenischen Kirche zum Papste kamen, um über die Unterwerfung ihrer Kirche unter die Herrschaft Rom's mit ihm zu verhandeln, ein Schritt, der überdies, in so kritischer Zeit gethan, den nächsten Nachbarn der Armenier, Leuten wie Bischof Hugo und Fürst Raimund, nicht fremd gewesen sein dürfte. Und mit welchem Recht als Auftraggeber antiochenischer Gesandter, insonderheit des Bischofs von Djebeleh, der Fürst von Antiochien vermuthet werden darf, dafür spricht auch die Bemerkung Wilhelms von Tyrus XVI 27, dass Raimund mit französischer Hülfe sein Fürstenthum zu vergrössern hoffte und dass er deshalb (regi Ludovico) in Franciam, antequam etiam iter arriperet, honesta praemiserat donaria, et exenia multi pretii, ut ejus sibi conciliaret gratiam, largitus fuerat.

Dieser Fürst Raimund verlangt noch eine kurze Bemerkung. Es ist eine Sage, die bis auf Wilhelm von Tyrus zurückführt, dass der Fall Edessa's grossentheils durch die kleinliche Feindschaft Raimunds gegen den Grafen Joscelin verschuldet worden sei. Dieser und anderen Sagen gegenüber habe ich in mehrerwähnten Studien zur Geschichte des zweiten Kreuzzuges die wahre Geschichte Raimunds einigermassen wiederherzustellen gesucht, dabei aber keineswegs einen kleinen Heroenkultus beabsichtigt. Wir sind nur, da die Tendenz der Sage diesem Manne sehr feindlich war, um so mehr verpflichtet, alles Gute, was wir von ihm wissen, auch auszusprechen, ohne darum das Schlechte verschweigen zu sollen. Dieser Fürst von Antiochien war, zumal nach der Aussage seiner Gegner, ein schöner, herkulischer Mann und ein kühner Feldherr, den Freund und Feind bewunderten. Dabei war er freilich auch ein üppig leichtfertiger Cavalier und tolldreist in seiner Kriegspolitik. Den Fall Edessa's hat er in der That grossentheils verschuldet, aber nicht indem er den Grafen Joscelin aus Hass und Schadenfreude ohne Unterstützung liess, sondern im Gegentheile indem er selber auf einer andern Seite, mit den Griechen, die ihm vieles Leid zugefügt hatten, voll unbesonnener Hitze einen blutigen Krieg begann. Er wurde in den Jahren 1143 auf 1144 empfindlich geschlagen und gezwungen, in Konstantinopel persönlich den Frieden zu suchen. Seine Niederlage, vielleicht sogar seine Abwesenheit von Syrien ist, soweit wir irgend das Dunkel der Vergangenheit durchdringen können, ein Hauptgrund für Zenki gewesen, den Angriff auf Edessa zu wagen. Dieser ist dann geglückt, möglicher Weise ehe noch Raimund in die Heimath zurückgekehrt war. Wenn der Fürst darnach erwog, ob für die Wiedereroberung von Edessa etwas geschehen könne, so durfte er sich wohl sagen, dass hierzu seine decimirten Truppen und die Heerestrümmer des Grafen Joscelin schwerlich hinreichten. Von Jerusalem war ausserdem, der dortigen politischen Stimmung nach, wenig Hülfe zu erwarten, und so haben wir kein Recht, Raimund zu verklagen, weil ihn der Fall Edessa's nicht „in die Waffen gebracht hat", am Wenigsten offenbar dann, wenn es richtig ist, dass der Fürst der militärischen Schwäche Nordsyriens durch deutsche oder französische Kreuzfahrerhaufen aufzuhelfen gewünscht hat.

Giesebrecht erzählt die Geschichte Raimunds in einer Weise, die sich nicht grade ausdrücklich mit meiner Auffassung in Widerspruch befindet. Aber mancher kleine Zug seiner Darstellung lenkt fast unvermerkt in die alten Geleise zurück. So sagt er eben, um nur dies Eine zu erwähnen, dass „das Unglück Edessa's weder Antiochia noch Jerusalem in die Waffen gebracht hat; sie haben keinen Versuch gemacht, Zenki seinen Raub zu entreissen. In Antiochia fürchtete man die Griechen mehr als die Türken" u. s. w. Das ist nicht nachweisbar falsch, aber eine richtige Schilderung der Sachlage ist es auch nicht.

Fassen wir jedoch endlich die Ergebnisse dieser Erörterung zusammen, so dürften diese in Folgendem bestehen.

Jerusalemitische Gesandtschaften haben, soweit wir irgend wissen, den zweiten Kreuzzug nicht hervorgerufen.

Reisende oder Pilger, die von Jerusalem heimkehrten, haben durch Klagen über den Fall Edessa's vielleicht etwas zur Erweckung der Sehnsucht nach einem Kreuzzuge beigetragen.

Die nordsyrischen Christen, und an deren Spitze Fürst Raimund, scheinen, erschüttert vom Siege Zenki's und im Gefühl der eigenen Schwäche, kräftige Unterstützung aus Europa gewünscht und erbeten zu haben, natürlich ohne zu ahnen, welche ungeheure, aus noch anderen Quellen strömende Bewegung sie damit entfesseln sollten.

2. Das Schreiben des Papstes Eugenius III.

Papst Eugenius hat den König und das Volk von Frankreich zum Kreuzzuge aufgefordert durch ein Schreiben, welches wir besitzen sowohl als datum Vetrallæ Kalend. Decembris (ohne Jahreszahl) wie auch als datum Transtiberim Kalend. Martii 1146. Die fehlende Jahreszahl kann durch 1145 oder durch 1146 ergänzt werden, und das päpstliche Schreiben ist dann entweder entstanden am 1 December 1145 und copirt am 1 März 1146 oder entstanden am 1 März 1146 und copirt am 1 December 1146. Ich habe mich früher dahin entschieden, dass das Schreiben nicht wohl vor dem 1 März 1146 existirt haben könne, während Giesebrecht mit voller Bestimmtheit am 1 Dezember 1145 als Entstehungstermin desselben festhält.

Diese chronologische Meinungsverschiedenheit hat höhere Bedeutung, als der nicht genau orientirte Leser ihr zunächst wohl beilegen möchte. Denn es hängt mit derselben eine Reihe anderer Meinungsverschiedenheiten zusammen über die Art, wie sich der zweite Kreuzzug im Abendlande entwickelt hat, über die Rolle vornehmlich, die dabei das Oberhaupt der christlichen Kirche und der König von Frankreich gespielt haben. In den folgenden Zeilen will ich deshalb auch diese Streitfrage einer neuen Erörterung unterziehen und über das Ergebniss derselben hier schon vorgreifend bemerken, dass ich den Versuch machen werde, der Ansicht Giesebrecht's, wenn auch nur schlechthin betreffs der Datirung des Schreibens und nicht betreffs der gewöhnlich daraus gezogenen Folgerungen, einen Schritt entgegen zu thun.

Giesebrecht findet, dass schon der Inhalt des Schreibens ein Urtheil über die Abfassungszeit desselben ermögliche, d. h. dass es vor den ersten französischen Verhandlungen über Unternehmung eines Kreuzzuges und somit am 1 December 1145 entstanden sein müsse. Der Inhalt bietet nun wohl Gelegenheit zur Anknüpfung einer Muthmassung, wovon weiter unten; aber festere Stützen für unser Urtheil können wir nur aus unserem sonstigen Quellenmaterial gewinnen.

Hier kommt zuerst Otto von Freising in Betracht, der in den Gesta Friderici I 35 das päpstliche Schreiben selber gibt. Aber in dem voraufgehenden Capitel erzählt er, dass König Ludwig VII einer

Anzahl französischer Grossen (Weihnachten 1145 zu Bourges) seinen bisher geheim gehaltenen Wunsch eröffnete, nach Jerusalem zu ziehen. Die Versammlung habe darauf das Orakel Frankreichs, den heiligen Bernhard, nach Bourges beschieden, um von diesem zu hören, quid de hac re fieri oporteret. Bernhard aber habe es abgelehnt, de tam grandi negocio eine eigene Meinung zu äussern, und habe gerathen, sich deswegen an den Papst zu wenden. Itaque missa ad Eugenium legatione, totum illi negocium aperitur. Qui antecessorum suorum exempla revolvens, quod videlicet Urbanus huiusmodi occasione transmarinam ecclesiam . . . . in pacis unitatem receperit, votis praedicti regis . . . annuit, auctoritate praedicandi . . . praenominato abbati . . . concessa. Unde eius scriptum tale ad regem principesque suos directum invenitur. Hierauf erst folgt das päpstliche Schreiben. Otto von Freising spricht sich also deutlich dahin aus, dass nach seiner Ansicht die Kreuzzugsverhandlungen, soweit dieselben uns hier beschäftigen, begonnen haben mit einem spontanen Auftreten des Königs Ludwig und geendet haben mit dem Erlass des päpstlichen Schreibens.

Giesebrecht dagegen lässt die Verhandlungen durch eben dieses Schreiben hervorgerufen werden, indem „wahrscheinlich in Folge desselben" jene Versammlung nach Bourges geladen wurde. Hier habe Ludwig unerwartet die Absicht ausgesprochen, selbst das Kreuz zu nehmen. Deswegen habe man sich zuerst an den heiligen Bernhard und dann an den Papst gewendet, der, „wie zu erwarten stand, bereitwillig auf Ludwigs Wunsch einging."

Nach der Meinung Giesebrecht's ist mithin Ottos Bericht nicht frei von Irrthümern. Dies wäre an sich zwar recht wohl möglich, namentlich da auch die übrigen Mittheilungen des Bischofs über die Geschichte des zweiten Kreuzzuges hie und da Fehler enthalten, aber ohne eine ernstere Nöthigung dürfen wir die Autorität dieses namhaften zeitgenössischen Schriftstellers doch nicht verwerfen. Dazu kommt, dass die Verknüpfung der Ereignisse, die Giesebrecht versucht, keinen befriedigenden Eindruck macht. Denn das Einfachste und Nächstliegende darf man darnach gar nicht annehmen — dass nämlich zuerst der Papst durch sein Schreiben schlechthin einen Kreuzzug verlangt habe, und dass darnach und trotzdem von der Versammlung in Bourges der Beschluss gefasst worden sei, den Papst zu fragen, ob er denn wirklich einen Kreuzzug gutheisse —, weil man hierdurch den Leser nöthigen würde, gleichsam an einen circulus vitiosus von Ereignissen zu glauben. Giesebrecht hat dies auch empfunden und hat seine Meinung deshalb, soweit sich erkennen lässt, dahin festgestellt, dass das Schreiben des Papstes an den König, die Grossen und alle Gläubigen Frankreichs, einen Kreuzzug zu unternehmen, von den Franzosen nicht auf den König sondern nur ganz allgemein auf das Volk von Frankreich bezogen worden sei. Ludwigs Äusserung in Bourges, den Kreuzzug selber mitmachen zu wollen, sei daher seiner Umgebung „unerwartet" gekommen und als etwas erschienen, worüber der Papst erst noch besonders befragt werden musste.

Dies klingt etwas erkünstelt, und wir dürfen einer solchen Meinung offenbar nicht eher beipflichten, als bis dieselbe in den Quellen eine starke Stütze findet. Verfolgen wir nun aber die Aussagen der Zeitgenossen weiter, so wird die Darstellung Ottos von Freising als die in allen wesentlichen Punkten richtigere bestätigt.

Hier erzählt Odo von Deuil, der Kaplan Ludwigs, der den Kreuzzug selber mitgemacht und ausführlich beschrieben hat, dass der König zuerst in Bourges seinem bisher geheim gehaltenen Wunsch Worte verliehen, bei seiner Umgebung aber hinsichtlich der Opportunität des Kreuzzuges einander widersprechende Ansichten gefunden habe. Endlich habe Ludwig an den Papst Gesandte geschickt, qui lactanter suscepti sunt, lactantesque remissi, referentes omni favo litteras dulciores regi. Dieser süsse Brief, dessen Inhalt Odo darauf noch näher angiebt, ist ohne Zweifel eben unser Schreiben (vergl. Odonis de Diogilo de Ludovici VII profectione in orientem opus septem libellis distinctum, zuletzt abgedruckt bei Migne, Patrolog. curs. compl. T. 185 pag. 1202 seq.).

Ferner erwähnt Gaufrid, der Biograph des heiligen Bernhard, dass dieser lange gezögert habe, sich auf die Kreuzpredigt einzulassen. Selbst eine briefliche Aufforderung des Papstes habe ihn nicht dazu bewegen können, und nicht eher habe er nachgegeben, als bis ihm Eugenius den förmlichen Befehl zum Beginnen des Werkes durch eine generalis epistola ertheilt habe (s. Migne, l. c. p. 309). Diese generalis epistola ist nach allseitiger Übereinstimmung unser Schreiben und zwar in der Ausfertigung vom 1 März 1146. Wie seltsam wäre es nun, dass dieses Schreiben einen so entscheidenden Eindruck auf Bernhard gemacht hätte, wenn es (nur mit einem andern Datum) schon Monate lang vorher in Frankreich vorhanden und dem Abt von Clairvaux doch jedenfalls bekannt gewesen wäre! Die Darstellung Gaufrids führt daher zu demselben Urtheil wie die Berichte Ottos und Odos, dass nämlich eine Wirkung des päpstlichen Schreibens erst am Schlusse der uns hier beschäftigenden Kreuzzugsverhandlungen wahrzunehmen ist.

Die Übereinstimmung dieser drei Autoren dürfte doch sehr zu beachten sein. Der erste Historiograph des Zeitalters, der Kaplan des Königs Ludwig, ohne Zweifel Augen- und Ohrenzeuge all dieser Vorgänge, und der Biograph des grossen Kreuzpredigers — sie berichten unabhängig von einander und scheinen alle Drei ganz das Gleiche mittheilen zu wollen. Wir entnehmen zwar keineswegs aus ihren Worten, wie ich gern zugebe, dass das Schreiben nicht früher verfasst sein kann als am 1 März 1146; im Übrigen aber sehen wir klar, dass eine Einwirkung desselben auf die Entwickelung der Dinge in Frankreich nach der Meinung dieser drei Schriftsteller ungefähr erst um die eben genannte Zeit stattgefunden hat.

Das Schreiben kann also immerhin schon am 1 December 1145 verfasst sein; es ist dann aber allem Anschein nach, wie wir unten genauer ins Auge fassen wollen, ein paar Monate lang völlig wirkungslos geblieben.

Alledem gegenüber behauptet nunmehr Giesebrecht, in einem Briefe des heiligen Bernhard den deutlichsten Beweis für die Richtigkeit seiner Anschauung zu besitzen. Ich vermag dem nicht beizustimmen, da mir dieser Brief, wie schon früher so auch heut noch, keine Bedeutung für die Entscheidung unserer Streitfrage zu haben scheint. Denn der Abt von Clairvaux schreibt wohl um den 1 Mai 1146 an Eugenius III (s. Bern. ep. 247) und erwähnt dabei mit einigen Worten die Versammlung von Bourges und unser päpstliches Schreiben, jedoch ohne hierdurch genügenden Stoff zu sicheren Schlussfolgerungen zu überliefern. Er sagt nämlich hinsichtlich jener Versammlung, es sei dort verhandelt worden Dei negotium, de Jerosolymitana scilicet expeditione, propter quod omnes convenerant. Dies heisst nun zwar, dass die Versammlung von Bourges schon zusammengekommen war, um über den Kreuzzug zu berathen; aber es fragt sich noch, ob diese Meinung Bernhards richtig ist. Denn Odo von Deuil und im Ganzen auch Otto von Freising drücken sich so aus, als ob Ludwig seiner Umgebung in Bourges durch Ankündigung des Kreuzzugsplanes eine Überraschung bereitet habe (Odo: (Ludovicus ibi) secretum cordis sui primitus revelavit). Hiernach ist doch kaum vorauszusetzen, dass der König den Eindruck dieser Überraschung von vornherein gemindert haben sollte, indem er den etwaigen Einladungsschreiben an seine Barone und Bischöfe hinzufügte, dass man nicht blos gemeinsam das Weihnachtsfest feiern, sondern ausserdem noch über Kreuzzugsangelegenheiten verhandeln werde. Auch war ja Bernhard anfangs in Bourges gar nicht anwesend; er wurde erst dorthin gerufen, nachdem lebhafte Debatten über den Kreuzzug begonnen hatten. Seitdem bildete die Beschäftigung mit der werdenden Wallfahrt den Mittelpunkt seines Daseins, und auch der oben erwähnte Brief an den Papst ist zu Gunsten derselben geschrieben. Wie leicht konnten ihm da jene Worte — propter quod omnes convenerant — in die Feder kommen, ohne dass sich dieselben genau mit dem wirklichen Hergange deckten und ohne dass ihm dies selber klar wurde!

Doch man entscheide sich in dieser Beziehung, wie man wolle. Für unsere Streitfrage ist es jedenfalls ganz gleichgültig, ob König Ludwig seinen Grossen schon vorher angedeutet hat, was sie in Bourges hören würden, oder ob er sie dort vollständig überrascht hat. Auf die Beurtheilung unseres Schreibens hat dies keinen Einfluss.

Wichtiger erscheint auf den ersten Blick eine andere Stelle jenes Briefes Bernhards an Eugenius III, auf die sich Giesebrecht ebenfalls stützt. Der Abt sagt dort, dass sich Ludwig auf Antrieb des Papstes — hortatu vestro — auf den Kreuzzug eingelassen habe. Kann man aber bei näherer Prüfung aus diesen Worten wirklich einen Schluss ziehen auf den Causalnexus zwischen dem Schreiben des Papstes und der Versammlung von Bourges? Nach Bernhards Darstellung hat der König auf päpstlichen Antrieb ein gutes Unternehmen angefangen — hortatu vestro bonum coepit. Welcher Anfang des guten Unternehmens ist aber gemeint? Redet Bernhard von dem Auftreten Ludwigs in Bourges, dem jedoch fürs Erste nur langwierige Verhandlungen gefolgt sind, oder spricht er davon, wie der König in Vezelay, Ostern 1146, das ihm vom Papste übersandte Kreuz genommen und hiermit nach vielem Reden und Schreiben die erste eigentliche That in dieser Angelegenheit gethan, das gute Unternehmen recht eigentlich angefangen hat? Was Bernhard meinte, das wissen wir nicht. Seine Worte erlauben keinen sicheren Schluss, höchstens die Muthmassung, dass der Abt, ohne dabei einen besonderen Zeitpunkt im Auge zu haben nur eben den Gedanken hat ausdrücken wollen: König Ludwig hat seine Kreuzzugsvorbereitungen begonnen nach erfolgter Anfeuerung von Seiten des Papstes; und das ist im Allgemeinen ebenso wahr wie es vollständig unergiebig ist zur Entscheidung unserer Streitfrage.

In einigen französischen Annalen finden sich kurze Berichte über den Kreuzzug, den Ludwig begonnen habe ex praecepto domini Eugenii Papae oder Eugenio Papa movente (vergl. Recueil des historiens des Gaules etc. XII 120, 800 u. a. a. O.). Man wird aus solchen Stellen doch nicht schliessen wollen, dass der König durch den Papst angeregt worden sei, die Versammlung seiner Grossen nach Bourges zu berufen. Und höheren Werth als diese Stellen besitzt jene briefliche Äusserung Bernhards kaum.

Der Brief des Abtes von Clairvaux verdient aber noch eine andere Betrachtung, die ich bisher absichtlich nicht angestellt habe, um mich zunächst nur der allernüchternsten Gründe zu bedienen. Wir haben es hier jedoch nicht mit den dürren Mittheilungen eines stimmungs- und tendenzlosen Annalisten zu thun, sondern mit den absichtsvollsten Worten eines überaus begabten, alle Tonarten menschlicher Rede beherrschenden Schriftstellers. Hierüber noch eine Bemerkung hinzuzufügen, dürfte sowohl nützlich sein, um etwaige letzte Zweifel an der Werthlosigkeit der oben kritisirten Äusserungen zu zerstreuen, wie auch geeignet, um einen Beitrag zum Verständniss der Bernhard'schen Briefsammlung zu liefern. Denn die Briefe des

Abtes von Clairvaux, wie übrigens wohl alle seine Schriften, sind bisher weder dem Wortlaut noch dem Inhalt nach genügend durchforscht und begriffen worden; und das uns beschäftigende Schreiben an den Papst Eugenius ist noch dazu ein köstliches Specimen Bernhard'scher Briefdialektik.

Es handelt sich im Wesentlichen um Folgendes. In jener Versammlung zu Bourges hatte der Erzbischof von Rheims den jungen König Ludwig gekrönt und hierdurch nach der Behauptung des Erzbischofs von Bourges in dessen Rechte eingegriffen. Der Papst, bei dem der Letztere sich beklagte, untersagte darauf dem Erzbischof von Rheims mit Worten sehr strengen Tadels den Gebrauch des Palliums und befahl ihn, zur Reinigung von seinem Vergehen mit sieben Suffraganbischöfen nach Rom zu kommen. Das Verfahren des Papstes konnte aus juristischen Erwägungen verschieden beurtheilt werden, denn es herrschte eine grosse Meinungsverschiedenheit darüber, ob sich der Rheimser Erzbischof wirklich im Unrecht befand; dagegen durfte kaum bezweifelt werden, dass dasselbe höchst inopportun war, weil dadurch grade in dem Augenblick, in welchem sich halb Frankreich zum Kreuzzuge entschloss, ein grosser Theil der französischen Kirche und vielleicht der König selber tief verletzt wurden. Diese Seite der Sache war es denn auch, die den heiligen Bernhard vornehmlich erregte. Lange hatte er gezögert, die Kreuzpredigt zu beginnen. Nachdem er endlich sich entschlossen, erreichte er zwar glänzende Erfolge, sah aber das Gelingen des stolzen Werkes sofort wiederum ernstlich bedroht, als der Papst mit jener Strafmassregel so plump und voreilig dazwischen fuhr. Das war nicht zu ertragen, und deshalb verfasste nun Bernhard den erwähnten Brief an Eugenius III.

Die sowohl lebhaften wie berechneten Wendungen desselben

stehen zwar in den Schriften des Abtes von Clairvaux ganz und gar nicht vereinzelt da und sind zum Theil durch Anspielung auf biblische Worte hervorgerufen; auch kann man als Erklärung für ihre Derbheit erwähnen, dass Bernhard, damals auf der Höhe seines Ansehens, sich nicht zu scheuen brauchte, seinem ehemaligen Schüler, dem Papste, das Gewissen gründlich zu rühren: aber trotz Alledem bleibt die Bemerkung richtig, dass der vorliegende Brief in sehr erregter und von Tendenz nicht freier Haltung abgefasst ist.

Parcat vobis Deus: quid fecistis? — so fährt der Abt den Papst mit unverkennbarer Grobheit an. Faciem hominis verecundissimi confudistis: et cujus laus est in Ecclesia, ipsum in facie Ecclesiae humiliastis. Laetificastis omnes inimicos ejus: sed quantos vos contristasse putatis? Non est modus condolendi, quia amicorum non est numerus. Dilectus a Deo et hominibus grandis criminis luit poenas, nullius convictus, nullius confessus.

Bernhard berührt sodann die Rechtsfrage, aber mit grosser Gewandtheit deutet er nur eben an, dass den Erzbischof von Rheims möglicher Weise gar kein Vorwurf treffe, während er, der Briefschreiber, immerhin das Gegentheil annehmen wolle. Denn wenn auch der Erzbischof einen Fehler begangen habe, so sei das der einzige Fehler seines sonst so lobwürdigen Lebens — der einzige Fehler, wahrlich eher eine Tugend zu nennen, wenn nur der Papst mit seinem und nicht mit dem Auge der Feinde sehen wolle. Und dieser einzige Fehler, war er denn überhaupt zu vermeiden angesichts des jungen, nach der Krönung verlangenden Königs, mitten unter den Bischöfen und Baronen des Reichs und besonders während der für die Kirche so wichtigen Verhandlungen über den Kreuzzug, derentwegen ja die Männer Alle dort bei einander waren?

Da es nun so stehe, so solle der Papst sich erinnern, dass es

seines Amtes sei nicht blos zu strafen, sondern auch Verzeihung zu
üben. Wenn einmal hätte gestraft werden müssen, so hätte er, der
Abt, es leichter ertragen, sich selber die Feier der Messe untersagt
zu sehen als dem Erzbischof den Gebrauch des Palliums. (Bernhard
ist also vermuthlich zugegen gewesen, als der Erzbischof den König
gekrönt hat.) Est autem quod non mediocriter vestro pio rigori ob-
viat, quod filio vestro regi Ludovico possit hinc non parvae offen-
sionis et irritationis occasio dari, cum ipse sibi tota mali hujus vide-
atur esse occasio. Quod plane tempore isto non expedit: ne bonum,
quod vestro hortatu bono et magno animo coepit, dignum (quod ab-
sit) non habeat exitum, si in scandalo et animi perturbatione hoc egerit.

Man sieht, dieser Brief ist kunstvoll componirt. An der Spitze
steht, und zwar noch umfangreicher als oben mitgetheilt, ein gehar-
nischter Angriff, durch den offenbar der erzürnte Abt mit aller Wucht
seiner Autorität den nicht grade willensstarken Papst Eugenius in
tiefster Seele zu erschüttern und von vornherein nachgiebig zu stimmen
suchte. Dann folgen feine und zum Theil überraschende Wendungen,
um den Papst zu der Überzeugung zu bringen, dass er einen Fehler
begangen habe und denselben wieder gut machen müsse. Der arme
Eugenius hatte nach diesen klug berechneten Worten seines verehrten
Lehrers unbedingt Unrecht, selbst wenn der Erzbischof von Rheims
formell sich nicht im Rechte befand; und schlimmer noch, er war
ein kurzsichtiger Thor, weil er das Zustandekommen des von ihm
selber verlangten Kreuzzuges ernstlich gefährdet hatte.

Der heilige Bernhard ist aber mit diesen Erörterungen noch
nicht an den Schluss seines Briefes gekommen. Er hatte noch eine
schwer wiegende Mittheilung in Bereitschaft, durch welche er den
Papst vollends zu seiner Ansicht der Dinge hinüber zu zwingen, demselben gleichsam den Gnadenstoss zu geben dachte. Mit affectirter

Kürze, wie beiläufig, erinnerte er endlich an den Auftrag zur Kreuzzngspredigt, den er erhalten und inzwischen auch auszuführen begonnen habe. Der Erfolg sei, dass — beinahe alle Waffenfähigen das Kreuz genommen hätten und je sieben Weiber kaum noch einen Mann daheim finden könnten.

Seine eigenen Worte, unmittelbar an die oben erwähnten anschliessend, lauten: De caetero mandastis et obedivi, et fecundavit obedientiam praecipientis auctoritas. Siquidem annuntiavi et locutus sum, multiplicati sunt super numerum. Vacuantur urbes et castella, et pene jam non inveniunt quem apprehendant septem mulieres virum unum, adeo ubique viduae vivis remanent viris.

Nun erst vermochte der Papst die Sachlage ganz zu überschauen. Welchen ungeheuren Erfolg hatte er anfangs selber hervorgerufen und darnach durch sein eigenes Ungeschick vollkommen wieder in Frage gestellt! Er hatte offenbar Anlass, die Lectüre der Zeilen des heiligen Bernhard in tiefer Zerknirschung zu beenden. —

Urtheile über den Stil sind grossentheils Geschmackssache und so mag man auch in der vorstehenden Erörterung mehr oder minder Subjectives finden, trotzdem aber dürfte in derselben wenigstens als ein Kern objectiver Wahrheit anerkannt werden, dass der Brief Bernhards in erregter Stimmung und mit absichtsvollem Drängen nach Erreichung eines bestimmten Zieles geschrieben und somit eine recht trübe Quelle zur Erkenntniss des von dieser Erregung und diesem Drängen direct oder indirect betroffenen Thatbestandes ist. Dass König Ludwig die Kreuzzugsvorbereitungen gerade auf Antrieb des Papstes begonnen habe, war eine ausserordentlich nahe liegende Wendung, wenn es galt, eine Störung dieser Vorbereitungen von päpstlicher Seite

aus dem Wege zu räumen. Und dass die Bischöfe und Barone wegen
der Kreuzzugsverhandlungen nach Bourges gekommen seien, ergab
sich fast von selber, sobald Bernhard die That des Erzbischofs von
Rheims mit der hohen Bedeutung eben dieser Verhandlungen ent-
schuldigen wollte. —

Kehren wir endlich zu unserem päpstlichen Schreiben zurück
und erinnern wir uns, dass dasselbe, soweit irgend wahrnehmbar, erst
im Frühjahr 1146 in Frankreich auftaucht, während es allerdings
schon erheblich früher abgefasst sein kann, so dass sich nun die Frage
erhebt, unter welchen Umständen etwa dies Letztere geschehen sein mag.

Hier fällt schwer ins Gewicht, dass Eugenius III, vor seinen
aufrührerischen Unterthanen aus Rom entwichen, im Jahre 1145 kaum
im Stande war, sich ernstlich mit einem fern liegenden, grossen Unternehmen zu beschäftigen, und dass es ausserdem am Wenigsten in der
Art dieses Papstes lag, kühnen und klaren Geistes seiner Zeit voran
zu gehen, wie er auch nach dem Erlass jenes Schreibens, mag dasselbe
wann und wie immer entstanden sein, bei den weiteren Vorbereitungen
zur Wallfahrt keineswegs die Rolle gespielt hat, die seiner herrschenden
Stellung gebührte. Es wäre daher mit seinem sonstigen Verhalten
kaum in Einklang zu bringen, wenn er sich in der That aus eignem
Antrieb dazu erhoben haben sollte, einen grossen Kreuzzug ins Leben
zu rufen; und es wäre höchst auffallend, wenn er sich deshalb aus
eigner Bewegung nicht an andere christliche Nationen, sondern ausschliesslich nur an das Volk von Frankreich, an dieses aber auch
ganz und gar, gewendet hätte. Denn in diesem Falle würde er sich
etwa gesagt haben: die übrigen Nationen sind durch internationale
und innere Kriege so fest an die Scholle gebunden, dass vernünftiger

Weise von ihnen nicht viel für einen Kreuzzug zu erwarten ist; die Franzosen dagegen, in leidlichem äusseren und inneren Frieden, sind am Leichtesten in Bewegung zu setzen: senden wir nun also die wuchtige Kraft dieser grossen Nation in den Kampf gegen Imad Eddin Zenki. Solcherlei Erwägungen sind nicht im Geiste dieses Papstes. Nicht er war der Mann, um ein weltbewegendes Wort zu sprechen.

Wenn man trotz Alledem annehmen wollte, dass Eugenius unser Schreiben in dem eben erwähnten Sinne am 1 December 1145 erlassen hat, so bliebe auch dann noch das alte Räthsel zu lösen übrig, wie es möglich war, dass dasselbe augenscheinlich weder vor noch bald nach der Versammlung von Bourges in Frankreich bekannt, vielmehr erst von jenen französischen, aus Italien zurückkehrenden Gesandten dem König Ludwig, etwa Februar 1146, vorgelegt wurde. Eine solche Verschleppung wäre doch fast unbegreiflich, wenn sich der Papst schon am 1 December 1145 ganz direct und zur Hervorbringung eines grossen Kreuzzugs an die französische Nation gewendet haben sollte.

Nun lassen sich freilich verschiedene Vermuthungen aufstellen, um diesen 1 December als Abfassungszeit des Schreibens mit dem späten Bekanntwerden desselben in Zusammenhang zu bringen, doch giebt es, soweit ich sehe, nur eine einzige Conjectur, die nicht ganz in der Luft steht, weil sie allein wenigstens einen Anhalt in den Quellen hat. Mit ihrer Hülfe mag daher eine Lösung der ganzen Streitfrage versucht werden.

Otto von Freising war, soviel wir wissen, November bis December 1145 in der Umgebung des Papstes. Noch am 7 December stellte Eugenius, vermuthlich in Gegenwart des Bischofs, eine Urkunde für das Stephanskloster in Freising aus (s. Jaffé, Reg. pontif. nr. 6178).

Otto erwähnt aber, dass er beim Papste, also um den 1 December, mit jenem bedeutenden antiochenischen Bischof Hugo von Djebeleh zusammen getroffen sei und dessen Klagen über den Fall von Edessa sowie seine Absicht gehört habe, von den Königen von Deutschland und Frankreich Hülfe zu erbitten. Über das gleichzeitig an Eugenius selber gerichtete Beistandsgesuch des Antiocheners, von dem Giesebrecht erzählt, sagt Otto freilich nichts; dürfen wir aber nicht vermuthen, dass Hugo, um die Erfüllung seines Wunsches bei den transalpinischen Königen zu erleichtern, sich um ein Fürwort des Papstes bemüht, eine Art von Vollmacht erbeten habe, die ihm bei den Fürsten sicheren Glauben verschaffen und verhindern sollte, dass die Bischöfe von Deutschland und Frankreich ihn als einen unberechtigten Eindringling in ihre Machtsphäre betrachteten? Falls Hugo eine derartige Bitte an Eugenius gerichtet hat, so ist darnach vielleicht ins Auge gefasst worden, dass man von päpstlicher Seite den König Konrad, von dem man Unterstützung gegen die aufrührerischen Römer erwartete, nicht damit belästigen dürfe, Werbungen für ein Kreuzheer zu gestatten oder zu begünstigen — wobei man an die Eventualität einer persönlichen Theilnahme des Königs am Kreuzzuge natürlich auch nicht einmal gedacht hat; — und die Einschränkung der Vollmacht auf die Franzosen, die sich hierdurch fast von selber ergab, hat den Bischof von Djebeleh wohl kaum schwer betroffen, weil die Kreuzfahrerstaaten damals schon zu fast ausschliesslich französischen Colonieen geworden waren und die Antiochener gewiss in erster Linie von den Franzosen Unterstützung ersehnten und erwarteten.

Unser Schreiben könnte also hiernach, genau so wie es uns vorliegt, am 1 December 1145 entstanden sein; nur wäre es dann von Seiten des Papstes eben nicht der Ausdruck eigenen kräftigen Wollens und klarer Erkenntniss der Sachlage, sondern ein Zeichen dafür, dass Eugenius damals einem zufälligen äusseren Antriebe, soweit es in seiner Situation gut schien, bereitwillig Folge gegeben hat. Man sage nicht, dass diese Unterscheidung gesucht und schliesslich werthlos sei, weil es im Wesentlichen doch nur auf die Datirung des Schreibens ankomme. Denn in Wahrheit besteht ein gewaltiger Unterschied zwischen einem Papst, der aus eigenem Antrieb und nach umfassender Erwägung aller europäischen Verhältnisse eine bestimmte grosse Nation zur Wallfahrt aufruft, und diesem Eugenius, der sich nur deshalb an die Franzosen wendet, weil er — von den Deutschen abgesehen — eben nur hierzu und zu nichts Weiterem veranlasst worden ist. Wir begreifen es sehr leicht, wenn dem Bischof Hugo etwa geantwortet wurde, er solle die erbetene Vollmacht erhalten, aber nur für die Franzosen, weil man den König Konrad mit einem deutschen Heer bald in Italien zu sehen wünschte. Und wir dürfen hieran wohl die Vermuthung knüpfen, dass der Papst am 1 December 1145 nicht grade an eine begeisterte Erhebung ganz Frankreichs zu Gunsten des heiligen Landes gedacht hat. Er hat zwar schon damals universitatem Francorum zur Kreuznahme ermahnt; sollte ihm aber hierbei mehr im Sinne gelegen haben, als dass es doch dem Bischof Hugo mit Hülfe des päpstlichen Fürworts glücken möge, wenigstens einige tüchtige Heerschaaren zur Unterstützung Raimunds und Joscelins auf die Beine zu bringen?

Die vorgetragene Auffassung des päpstlichen Schreibens ruht übrigens nicht allein auf dem Umstande, dass Otto von Freising die Anwesenheit Hugos von Djebeleh am Hofe Eugenins III ungefähr für den 1 December 1145 erwähnt. Vielmehr liefert Otto von Freising selber noch einen weiteren Beweis für unsere Ansicht, freilich nur einen Beweis e silentio, dem aber soviel Kraft, wie bei einem solchen überhaupt möglich, innewohnen dürfte. Denn Otto kennt ja unser Schreiben und theilt es in der um 1157 geschriebenen Geschichte Kaiser Friedrichs im ganzen Wortlaut mit, aber nur als ein Ergebniss jener französischen Gesandtschaft vom Frühjahr 1146; andrerseits berichtet er in der 11 bis 12 Jahre früher geschriebenen Chronik von seinem Zusammentreffen mit Hugo, erzählt dabei von einer ganzen Reihe verhältnissmässig untergeordneter orientalischer Angelegenheiten, schweigt jedoch vollständig von dem Schreiben des Papstes. Daraus dürfte nicht blos mit Sicherheit hervorgehen, dass Otto im December 1145 von diesem Schreiben noch nichts gehört hat, sondern auch sich als beinahe eben so sicher ergeben, dass dasselbe damals noch nicht die Bedeutung besass, die man ihm erst später beigelegt hat. Ein in grossem Sinne erlassener Aufruf zum Kreuzzuge konnte der Aufmerksamkeit und Mittheilungslust des Bischofs von Freising in jenen Tagen kaum entgehen, während solch eine Art von Vollmacht für Hugo von Djebeleh weit eher verborgen bleiben mochte.

Hierzu passt nun endlich auch ganz genau der Rahmen der uns bekannten Ereignisse. Denn wenn der Papst am 1 December 1145 nur in der eben geschilderten Weise gehandelt hat, so dürfte zunächst erklärt sein, weshalb Otto von Freising und Odo von Deuil dem König Ludwig die Ehre geben, den Kreuzzug ins Leben gerufen zu haben. Bischof Hugo wird ja in unsern Quellen weiterhin nicht mehr erwähnt: wir wissen nicht, ob er sein Ziel erreicht und die Vollmacht benutzt hat; und wir dürfen nun wohl die Vermuthung aussprechen, dass dieses nicht geschehen und dass eben deshalb das Schreiben des Papstes für ein paar Monate völlig wirkungslos geblieben ist. In diesem Falle berieth also die Versammlung in Bourges, ohne zu ahnen, dass Rom eigentlich schon gesprochen, schon die Entscheidung gegeben hatte, über den Kreuzzugsplan ihres Königs; und es war ganz folgerichtig, dass der heilige Bernhard, als er selber keine Verantwortung auf sich laden wollte, schliesslich den Rath gab, sich wegen dieser Sache an das Oberhaupt der Kirche zu wenden. Wie darnach die französischen Gesandten sich ihres Auftrages bei der Curie entledigten, wurde Eugenius natürlich sehr erfreut: er erzählte wohl diesen Franzosen, dass er ja längst dasselbe gewünscht habe wie ihr König; dann gab er ihnen eine bis auf das Datum dem Original gleichende Abschrift des alten Schreibens für Ludwig mit und forderte endlich den heiligen Bernhard auf, die Kreuzpredigt zu übernehmen. Der Abt von Clairvaux scheute aber noch immer vor der Last der Verantwortung zurück, bis auch ihm der Papst eine Abschrift des Schreibens sendete, ihn damit anzuspornen oder ihm eine Art von Vollmacht zu geben, gerade wie das ursprünglich beim Bischof Hugo der Fall gewesen sein mag. Diese Abschrift erhielt ein paar kleine Abänderungen. Die Adresse des Schreibens hatte zuerst gelautet: an den König, die Fürsten und alle Gläubigen Frankreichs. In der Abschrift, auf die Bernhard sich stützen sollte, hatte es kaum noch Sinn, den König namentlich anzureden. Deshalb wurde kurzweg nur gesetzt: an alle Gläubigen Frankreichs, und entsprechend der neuen Adresse und einer Anzahl sonstiger kleiner Änderungen wurde auch ein neues Datum — Trastevere 1 März 1146 — dem Texte zugefügt.

Wenn die Ereignisse in der That so, wie eben skizzirt, auf einander gefolgt sind, dann hat Eugenius III ausserordentlich wenig für den zweiten Kreuzzug gethan. Dem zufälligen Anstosse folgend, den er durch Hugo von Djebeleh empfangen, hat er zuerst zwar einen Aufruf zum Kreuzzuge verfasst oder verfassen lassen. Als ihm dann aber die Franzosen, ohne dieses Schriftstück zu kennen, ihre Sehnsucht nach einer Pilgerfahrt aussprachen, hat er nichts weiter zu thun gewusst, als nunmehr das alte Schreiben an den König und den heiligen Bernhard zu schicken, und zwar nur in den beiden Ausfertigungen vom 1 December 1145 und 1 März 1146. Denn wenn auch Giesebrecht sagt, dass der Papst dieses Schreiben am 1 December 1145 verfasst und „später unter verschiedenen Änderungen in der Überschrift und in dem Datum wieder und wieder" veröffentlicht habe, so sind mir wenigstens solche mehrfachen Änderungen (abgesehen von den geringfügigen Abweichungen im Wortlaut, die in unsern Drucken durch Copisten- oder Herausgeberwillkür hervorgerufen sind) nicht bekannt geworden. Und jedenfalls hat Eugenius sich für lange Monate in keiner anderen Weise mehr mit den Kreuzzugsvorbereitungen beschäftigt, so dass dieselben, unverhindert von ihm, einen Gang nehmen konnten, der ihm zum Theile sehr widerwärtig war. Diese Indolenz ist aber vollkommen begreiflich, wenn wir bei Giesebrecht lesen, dass der Papst im Anfang des Jahres 1146 „daran verzweifelte, mit den Römern friedlich zu leben, überhaupt an einer würdigen Behauptung seiner Stellung verzweifelte und Vertrauten bekannte, dass er des Lebens überdrüssig sei."

Fassen wir endlich noch den Text unseres Schreibens ins Auge, so wissen wir schon, dass derselbe keinen Anhalt bietet für sichere Schlüsse zur Entscheidung der vorliegenden Streitfrage. Die Abdrücke der Ausfertigung vom 1 December 1145 zeigen kleine Abweichungen von einander, namentlich kleinere wie grössere Kürzungen, die aber wohl sämmtlich auf Willkür, Flüchtigkeit und Unfähigkeit der Abschreiber und Herausgeber zurückzuführen sind. Die Ausfertigung vom 1 März 1146 enthält viele kleine Änderungen durch Umgestaltung einzelner Worte, durch Auslassungen und durch Zusätze; aber die Mehrzahl derselben hat wohl keine andere Quelle als die Abweichungen in den vorgenannten Abdrücken. Nur einige Zusätze dürften höher hinaufreichen, wie z. B. die umständlichere Schilderung des unnützen Schmuckes an Waffen und Gewändern, mit dem die Kreuzfahrer sich nicht beladen sollten. Kritische Ergebnisse lassen sich jedoch daraus für unsern Zweck nicht gewinnen.

Das Schreiben beginnt mit einer Erinnerung an die Eroberungen, welche in Folge der Kreuzpredigt Urbans II die Ultramontanen, besonders die Franzosen, übrigens auch die Italiener dereinst in Syrien gemacht hatten. Jetzt, nach dem Falle Edessa's sollen sich die Franzosen der Väter würdig erzeigen; und Eugenius ertheilt deshalb Allen, die das Kreuz nehmen werden, dieselben Indulgenzen und Vergünstigungen, die vor fünfzig Jahren Urban den Wallfahrern gegeben hatte.

In diesem päpstlichen Schreiben ist kein Satz enthalten, der andeuten könnte, wann und unter welchen besonderen Umständen dasselbe verfasst ist, wenn man nicht etwa eine derartige Andeutung in folgender Wendung finden will. Eugenius sagt: Universitatem itaque vestram in Domino commonemus, rogamus atque praecipimus, et in peccatorum remissionem injungimus, ut qui Dei sunt, et maxime potentiores et nobiles, viriliter accingantur etc. Der Papst fordert also die Franzosen und besonders die Edlen und Mächtigen unter ihnen, aber nicht, wenigstens nicht namentlich, den König Ludwig zum Kreuzzuge auf; und man könnte diese Ausdrucksweise allerdings wunderlich finden, wenn das Schreiben am 1 März 1146, also gerade in Folge der Äusserung Ludwigs, dass er selber das Kreuz nehmen wolle, entstanden wäre. Dies ist aber auch wohl Alles, was sich sagen lässt, da jede weitere Erörterung über die Beziehungen zwischen Inhalt und Abfassungszeit des Schreibens vollkommen in der Luft stehen dürfte.

Recapituliren wir zum Schlusse die Ergebnisse dieser Untersuchung, so ist noch einmal daran zu erinnern, dass wir beinahe nichts Sicheres wissen, vielmehr uns vornehmlich nur in Vermuthungen bewegen. Wir können nur sagen: es ist wahrscheinlich, dass Bischof Hugo den Papst Eugenius zur Abfassung des Schreibens am 1 December angeregt hat, und es ist möglich, dass der Bischof das Schreiben als Mandatar des Papstes empfangen, sein Mandat aber nicht zur Ausführung gebracht hat; es ist ferner in hohem Grade wahrscheinlich, dass König Ludwig nicht durch Eugenius und Hugo veranlasst worden ist, die Versammlung von Bourges zu berufen, sondern durch seine eigne Sehnsucht nach einem Kreuzzug und etwa noch durch Klagen über den Fall Edessa's, sowie durch antiochenische Bitten um Hülfe, die ihm auch unabhängig vom Bischof Hugo zugekommen sein können. Der Papst hat dann endlich, nachdem durch Ludwig der entscheidende Schritt gethan war, der einen grossen Kreuzzug ins Leben rufen sollte, das heilige Unternehmen durch neue Aussendung des alten Schreibens, aber für's Erste durch nichts weiter, zu fördern gesucht.

3. Das Rundschreiben des heiligen Bernhard.

Der zweite Kreuzzug verdankt seine Entstehung zwei verschiedenen Gruppen von Männern. Auf der einen Seite stehen Raimund, Hugo nebst vielleicht noch anderen antiochenischen Boten, und Eugenius III. Alle diese Männer haben schwerlich etwas Anderes im Sinne gehabt, als eine kriegerische Rüstung hervorzurufen, die hinreichend und geeignet gewesen wäre, Antiochien zu sichern, Zenki zurück zu schlagen und Edessa zu erobern, d. h. also dem nordsyrischen Nothstande abzuhelfen. Auf der andern Seite befinden sich Ludwig VII, Sanct Bernhard, überhaupt die Franzosen. Diese haben den ersten Antrieb für ihr Handeln zwar auch durch den Fall Edessa's empfangen; in ihnen aber wurde hierbei die unter dünner Decke schlummernde schwärmerischste Kreuzfahrerstimmung erweckt und durch ihr Wort und Beispiel eine überaus weitgreifende, fast schrankenlose Explosion abendländischer Andacht veranlasst. Die Rüstungen, die nun stattfanden, standen in keinem Verhältniss mehr zu den Bedürfnissen Nordsyriens und schädigten sich schliesslich selber durch ihre unübersehbare und gedankenlose Ausdehnung. Am Schlimmsten hat sich hier der heilige Bernhard versündigt, indem er, der anfangs mit berechnender Vorsicht vermieden hatte, die Kreuzpredigt zu beginnen, angesichts des ihn selber berauschenden Erfolges seiner Worte nicht blos die Franzosen, sondern auch die Deutschen und zuletzt fast alle römisch-christlichen Völker in die trüben Wirbel dieser Bewegung hineinhetzte. Aus dieser unheilvollen Thätigkeit des heiligen Mannes stammt das Rundschreiben desselben, d. h. die berühmte geschriebene Kreuzzugspredigt, welche ich in den December 1146 gesetzt habe, während Giesebrecht sie schon um Monate früher und damit in einem ganz anderen Zusammenhang von Ereignissen erwähnt.

Es handelt sich hier vor Allem um die Adresse dieses Schreibens. Ich habe früher wahrscheinlich zu machen gesucht, dass dieselbe ursprünglich gelautet habe: an den Bischof, den Klerus und das Volk von Speier. Giesebrecht pflichtet mir darin bei, findet dann aber keinen Grund, an den Umstand, dass sich Bernhard zuerst an die Speirer gewendet habe, weitere Erörterungen zu knüpfen.

Wenn Giesebrecht Recht haben, d. h. wenn die ursprüngliche Adresse in keiner Richtung auffällig sein sollte, so müsste es doch irgend eine nahe liegende Erklärung für dieselbe geben. Hat sich Bernhard vielleicht von vornherein und gleichzeitig an alle bedeutenderen deutschen Städte gewendet, und ist es etwa nur ein reiner

Zufall, dass alle übrigen, an die Kölner, Mainzer, Wormser u. s. w. gerichteten Briefe verloren gegangen sind? Absolut unmöglich wäre das ja nicht, aber wir besitzen auch nicht das geringste Material, um diese oder eine ähnliche Vermuthung zu stützen: wir wissen vielmehr lediglich nur, dass der Abt von Clairvaux sein berühmtes Rundschreiben höchst wahrscheinlich zuerst an Klerus und Volk von Speier gerichtet hat; und ich meine, wir sind mithin nicht blos berechtigt sondern verpflichtet, uns zu fragen, wie Bernhard wohl grade dazu gekommen sein mag.

Wenn wir nun lesen, dass auf Weihnachten 1146 ein deutscher Reichstag nach Speier berufen worden ist, so liegt doch ohne Zweifel der Schluss sehr nahe, dass Bernhard sein Schreiben eben deshalb nach Speier gerichtet habe, weil sich dort ein Reichstag, d. h. eine grosse Menge vornehmer Leute versammeln sollte, auf die der Abt zu Gunsten des Kreuzzuges zu wirken wünschte. Und wenn dieser Schluss richtig ist, so werden wir wohl auch (von Anderem, was dafür spricht, ganz abgesehen) vermuthen dürfen, dass natürlicher Weise dieses Schreiben nicht gar lange vor Versammlung des Reichstages, also etwa im December, geschrieben und nach Speier abgesendet worden sein mag.

Giesebrecht sagt hiergegen, Bernhard habe schon „von Anfang an", d. h. wohl ungefähr vom Beginn seines Aufenthaltes in Deutschland an, die Absicht gehabt, den grossen Reichstag in Speier selber zu besuchen; und allerdings, wozu sollte er einen Brief dorthin richten, wenn er persönlich sich einfinden wollte? Aber Giesebrecht stützt sich dabei vermuthlich nur auf Äusserungen wie die folgende aus der ersten Biographie Bernhards (lib. VI cap. IV): ... venimus Spiram: ibi enim diem festum celebravit rex Conradus, ibi coronatus est: ibi adfuit episcoporum principumque conventus. Illuc Pater sanctus advenit, inter principes quosdam pacem cupiens reformare; quorum inimicitiis ab exercitu crucis Christi multi detinebantur.

Hier ist also gesagt — falls wir dem Berichterstatter unbedingten Glauben schenken dürfen —, dass Bernhard mit der Absicht nach Speier gegangen sei, dort zu Gunsten der Kreuzzugsrüstungen zwischen einigen deutschen Fürsten Frieden zu stiften; d. h. dass er wohl schon einige Zeit vor der Versammlung des Reichstages entschlossen gewesen ist, denselben zu besuchen. Aber wie lange vorher, wie viele Tage oder auch Wochen? Darüber wissen wir nichts, und es ist offenbar sehr leicht möglich, dass der Abt zwar etwa schon Mitte December fest entschlossen war nach Speier zu gehen, wenige Tage zuvor aber ganz andere Pläne hatte.

Ähnlich steht es mit einer Wendung in dem Rundschreiben Bernhards selber. Der Abt sagt hier den Speirern mit Rücksicht auf die Kreuzzugspredigt, die er ihnen in Gestalt eines Briefes sendet: Agerem id libentius viva voce, si, ut voluntas non deest, suppeteret et facultas. So konnte er sich allerdings, wie Giesebrecht bemerkt, nur äussern, ehe er nach Speier zu gehen gedachte. Aber kann dies nicht zwei oder drei Wochen vor Weihnachten 1146 ganz wohl der Fall gewesen sein?

Alle diese Erwägungen hindern uns also durchaus nicht, das Rundschreiben mit dem Speirer Reichstage in Verbindung zu setzen; im Gegentheil, sie treiben uns sehr bestimmt dazu an. Und was wir sonst von dem Hergange der Ereignisse in jenen Tagen wissen, das vereint sich in der ungezwungensten Weise mit der Abfassung dieses Schreibens im December 1146.

Denn Bernhard hat zunächst den ganzen Sommer 1146 in weiten Kreisen Frankreichs, jedoch, soviel wir wissen, nur Frankreichs das Kreuz gepredigt. Die seinen Worten folgende Erregung hat sich aber während dessen über den Schauplatz seiner Thätigkeit hinaus bis an den unteren und mittleren Rhein ausgedehnt. Hier hat ein Mönch Radulf eigenmächtig zur Kreuznahme und zugleich zur Verfolgung der verhassten Juden aufgefordert. Eine gräuliche Judenhetze ist noch im Spätsommer losgebrochen und hat in Monate langer Dauer einen grossen Theil des links- wie des rechtsrheinischen Deutschlands ergriffen. Die weltlichen wie die geistlichen Machthaber waren unfähig, der Raserei kraftvoll zu steuern. Der Erzbischof von Mainz wendete sich mit einer Bitte um Rath und Hülfe an das Orakel des Zeitalters, an den heiligen Bernhard. Dieser äusserte sich zuerst brieflich mit Worten strengen Tadels gegen die Lehren des Mönches Radulf. Dann aber kam er selber an den Rhein, zwang Radulf, vom Predigen abzustehen, und dämpfte wenigstens dort, wo er persönlich erschien, die Wogen des Aufruhrs. Einmal mit deutschen Angelegenheiten beschäftigt, im Reiche anwesend und von Hoch und Nieder mit unbegränzter Verehrung behandelt, fing er nun auch hier an, das Kreuz zu predigen, und bat sogar den König Konrad, mit dem er Ende November in Frankfurt zusammentraf, sich an der Wallfahrt zu betheiligen. Unser König lehnte dies ab, wohl aus der richtigen Erwägung, dass er angesichts der zahllosen Feinde, die ihn im Innern des Reiches wie an dessen Gränzen bedrängten, an einen orientalischen Feldzug nicht denken dürfe. Bernhard nahm diese Weigerung ruhig hin und wäre hiernach, wie es scheint, wieder nach Frankreich zurückgekehrt, wenn ihn nicht der Bischof von Constanz in der dringendsten Weise gebeten hätte, am Bodensee das Kreuz zu predigen, und wenn nicht Konrad, vermuthlich um den heiligen Mann für den Korb, den er selber ihm gegeben, einigermassen schadlos zu halten, diese Bitte nachdrücklich unterstützt hätte. Bernhard predigte darauf in Alemannien mit einem Erfolge, der die begeisterungsvollsten Scenen, die er in

Frankreich hervorgerufen hatte, vielleicht noch übertraf. Endlich kam er zum Reichstage nach Speier, erregte auch hier schwärmerisches Entzücken, wagte wiederholte neue Angriffe auf König Konrad und besiegte zuletzt dessen Widerstand durch eine Mischung von frommer List und Gewalt.

Fragen wir uns, ob wir in dieser Kette von Ereignissen einen Platz für das Schreiben Bernhards an die Speirer etwa schon dort finden, wo der Abt sonst noch ausschliesslich mit den Kreuzzugspredigten für die Franzosen beschäftigt war (und wohin dasselbe, nur ohne ihm die richtige Adresse zu geben, von neueren Geschichtsschreibern gelegentlich gesetzt worden ist), so müssen wir doch antworten, dass schlechterdings nicht abzusehen ist, wie Bernhard schon im Sommer 1146 dazu gekommen sein sollte, einen solchen Brief gerade an die Speirer zu schicken. Fragen wir uns aber, ob wir Giesebrecht's etwas vorsichtigere Behauptung annehmen können, wonach der Abt im Spätsommer oder Herbst Radulfs Vorgehen brieflich getadelt und zugleich die Gelegenheit ergriffen haben soll, nun auch seinerseits in einem kunstvoll abgefassten Manifeste die Begeisterung der Deutschen für die Kreuzfahrt anzufachen, so werden wir nur ungefähr dieselbe Antwort zu geben vermögen. Denn selbst in diesem Falle hätte Bernhard die Begeisterung „der Deutschen", soweit wir irgend wissen, eben durch den Brief „an die Speirer" angefacht; und wie in aller Welt soll er schon damals hierzu gekommen sein? Wir könnten nur vermuthen, dass er diese Adresse wegen des kommenden Reichstages gewählt habe. War derselbe aber schon ein paar Monate vorher ausgeschrieben? Hatte Bernhard, noch mitten in Frankreich weilend, davon etwas gehört? Und hatte es überhaupt einen Sinn, sich so lange vor dem Zusammentritt des Reichstages vornehmlich, ja allein an die Stadt, in welcher derselbe tagen sollte, zu wenden?

Wie leicht löst sich dagegen die Controverse, wie natürlich gliedert sich ausserdem die ganze Kette der Ereignisse, wenn wir die Abfassung dieses Schreibens in die Zeit der alemannischen Reise Bernhards im December 1146 setzen! Dann hat der Abt in Frankreich, ohne irgendwie über dessen Gränzen hinausgehen zu wollen, das Kreuz gepredigt, bis ihn die Nachrichten von Radulfs Treiben nöthigten, den Blick in weitere Ferne zu richten. Hierauf hat er den fanatischen Nebenbuhler erst brieflich bedroht, darnach mit seiner Rede Gewalt ihn niedergezwungen, und endlich hat er — nicht grade verständiger aber sehr begreiflicher Weise — auf dem Schauplatz der bisherigen Triumphe Radulfs selber das Kreuz zu predigen begonnen. Die Erfolge, die er hier errungen, sind jedoch ins Stocken gerathen, als Konrad sich weigerte das Kreuz zu nehmen, und Bernhards kurze deutsche Rolle schien ausgespielt zu sein. Sein Biograph sagt (vita prima lib. VI cap. 4), nachdem der König die Kreuznahme abgelehnt hatte, tacuit vir mansuetissimus dicens, non esse parvitatis suae importunius instare regiae majestati. Wir dürfen aus diesen Worten nicht entnehmen, was in der Regel in sie hineingelegt worden ist, dass nämlich Bernhard „nur geschwiegen habe, um zu rechter Zeit wieder zu reden". Denn derselbe Biograph erzählt (lib. VI cap. 1), der Bischof von Constanz sei mit seiner Bitte beim Abt anfangs auf Widerstand gestossen sowohl aus andern Ursachen als wegen der Klosterbrüder zu Clairvaux, ad quos (Bernardus) redire omnimodo festinabat: neque enim filiorum uteri sui mater poterat oblivisci, sed toto fere anno avelli a se viscera sua gravissime querebatur. Vicit tamen constantia domini Constantiensis etc.

Die deutsche Predigt Bernhards hat also nur durch die Bitte des Bischofs von Constanz ihre Fortsetzung gefunden, und es ist bei dieser Bitte, soviel wir wissen, von dem kommenden Speirer Reichstag nicht die Rede gewesen. Während des Aufenthaltes in Alemannien mag nun aber der Abt, angesichts der neuen Siege, die er von Ort zu Ort errang, eine heisse Sehnsucht empfunden haben, auch auf das an sich schon wichtige Speier und mehr noch auf die sich dort versammelnde Fürstenschaft einzuwirken. Sollte er aber selber dorthin gehen? Sollte er zum zweiten Male dem König Konrad vor Augen treten, etwa um zu erleben, dass dessen politische Bedenken auch in der Reichsversammlung den Sieg davontrügen über alle Kreuzesbegeisterung? Es lag doch ganz in der vorsichtigen Art des heiligen Mannes, sich solchem Misserfolg nicht auszusetzen. Sollte er aber deshalb auf Speier, den Platz, an den sich überschwängliche Hoffnungen knüpften, gänzlich verzichten? Ein Mittelweg musste gefunden werden, und Bernhard fand ihn in dem Briefe an Bischof, Klerus und Volk von Speier. Er schrieb denselben mit allem Schwung der Rede, mit allem Bilderreichthum dessen er irgend fähig war: er konnte sicher sein, dass diese Zeilen bei den Einwohnern von Speier ähnlich wirken würden, wie sein lebendiges Wort in den Städten Alemanniens; und er durfte hoffen, dass auch die Reichsversammlung von der um sie her tosenden Erregung nicht unergriffen bleiben würde.

Aber vielleicht schon nach kurzer Frist änderte sich die Situation. Die Erfolge Bernhards erhoben sich immer mehr, bis zu schwindelnder Höhe. Er war der Abgott alles Volkes in allen Orten, die er berührte; es schien nichts mehr unmöglich. Sollte er da noch ängstlich zaudern, gerade denjenigen Kampf meiden, der den höchsten Triumph zur Ehre Jesu Christi versprach? Er eilte seinem Briefe nach, erschien selber in Speier, machte neue Angriffe auf den König und erfocht den vollkommensten Sieg über jede ruhige und vernünftige politische Überlegung. Er selber nannte ihn miraculum miraculorum:

er ahnte nicht, von täuschendem Schein geblendet, dass er dem grössten Werke seines Lebens eine tödtliche Wunde geschlagen hatte. Diese Entwickelung der Kreuzpredigt Bernhards und diese Stellung seines Briefes an die Speirer, das sind freilich Dinge, die sich nicht in allem Einzelnen mathematisch beweisen lassen; dazu ist unser Quellenmaterial viel zu dürftig; aber soviel darf behauptet werden, dass die eben gegebene Darstellung sich dem Wortlaut der Urkunden und den Berichten der Zeitgenossen so weit nur möglich anschliesst und dass sie in sich einfach und natürlich ist. Der heilige Bernhard denkt hiernach nicht eher daran, die Deutschen zum Kreuzzuge aufzufordern, als bis er, einem zufälligen Anstosse folgend, mitten unter denselben sich befindet; und in ähnlicher Weise entwickelt sich seine fernere Thätigkeit bis zur Bewältigung König Konrads stets aus den nächsten äusseren Antrieben.

Alledem steht nun freilich eine bestimmte Quellenstelle gegenüber und schmälert die Zuversichtlichkeit, mit der das Obige sonst vorgetragen werden könnte, beträchtlich. Otto von Freising sagt (Gesta Frid. I 38), Bernhard habe auf die Nachricht von den Judenverfolgungen schriftlich von Frankreich aus dieselben getadelt und ausgesprochen, dass die Juden nicht getödtet, wohl aber auseinander getrieben werden sollten. Hierfür habe er sich auf die Psalmworte berufen: Deus ostendit mihi super inimicos meos, ne occidas eos. Und ferner: Disperge illos in virtute tua. Diese Worte finden sich nur zum Theile in jenem Briefe Bernhards an den Erzbischof von Mainz, vollständig dagegen in dem Schreiben an die Speirer, und der regelrechte Schluss nach den Gesetzen der historischen Kritik würde also dahin gehen: weil Otto diese Worte erwähnt als geschrieben, ehe der Abt von Clairvaux nach Deutschland kam, und weil dieselben in dem Schreiben an die Speirer sich finden, so ist dieses Schreiben trotz alles

Befremdens, welches die Adresse erregen mag, von Bernhard noch in Frankreich selber verfasst worden. Wer in strenger Gesetzmässigkeit an diesem Schlusse festhalten will, dem kann nicht mit zwingenden Gründen entgegengetreten werden. Es fragt sich nur, ob eine solche, so zu sagen, rücksichtslose Schlussfolgerung hier am Platze ist. Ottos Autorität, wie beachtenswerth im Ganzen, lässt hier doch etwas zu wünschen übrig. Er erzählt die Ereignisse in einem allzu lockeren Durcheinander, so dass er z. B. gleich nach der Erwähnung jener Psalmworte berichtet, wie Bernhard nach Deutschland gegangen sei, in Speier den König zur Kreuznahme bewogen und in Mainz die aufrührerischen Predigten Radulfs unterdrückt habe. Man darf hieraus wohl nicht schliessen, dass Otto gemeint habe, Bernhard sei vorher in Speier und darnach erst in Mainz gewesen; sondern ihm liegt die Bedeutung der Ereignisse am Herzen, und deshalb berichtet er vor Allem von der Bekreuzung Konrads und nur im Anschluss daran von der Bewältigung des unberufenen Kreuzzugspredigers.

Ebenso locker sind Ottos Worte über Bernhards anfängliches Einschreiten gegen die deutschen Judenverfolgungen. Wir besitzen ja noch den Brief, den der Abt von Clairvaux in dieser Sache an den Erzbischof von Mainz gerichtet hat, und nun sagt Otto: (Bernardus) ad Galliae Germaniaeque populos nuncios seu litteras destinavit, in quibus .... ostendit Judaeos .... non occidendos sed dispergendos fore. Giesebrecht benutzt dies, um den Abt einen Brief an den Erzbischof von Mainz in Sachen Radulfs schreiben und zugleich Boten und Briefe, die der Judenverfolgung Einhalt thun sollten, an den Rhein senden zu lassen. Da aber (abgesehen von dem Schreiben an die Speirer) eben in dem Briefe an den Erzbischof von Mainz von den Judenverfolgungen abgemahnt wird, so möchte es bei der unbestimmten Ausdrucksweise Ottos mindestens zweifelhaft sein, ob wir neben diesem Briefe noch von andern Briefen und Boten Bernhards zur Bekämpfung der Judenverfolgung reden dürfen.

Vor Allem aber, mit jenen citirten Psalmworten hat es eine etwas eigenthümliche Bewandtniss. Die Kreuzpredigt des Jahres 1146 kann noch nicht lange im Gang gewesen sein, als die unselige alte Frage wieder auftauchte, wie sich die Streiter Jesu Christi zu den Feinden desselben, den Juden, stellen sollten. Kein Geringerer als Abt Peter von Cluny schrieb damals an Ludwig VII, man solle die Juden freilich nicht umbringen, aber man solle ihnen den schnöde erworbenen Reichthum zu Gunsten des heiligen Krieges fortnehmen: reservetur eis vita, auferatur pecunia (s. Patrol. curs. compl. CLXXXIX ep. 36. p. 366 seq.): Dabei bezog sich Peter auf dieselben Psalmworte wie oben: Deus ostendit mihi super inimicos meos, ne occidas eos. Dann schrieb Bernhard seinen oft erwähnten Brief an den Erzbischof von Mainz und bezog sich auf den Psalm, der die Mahnung enthalte, ne occidas eos. Endlich schrieb wiederum Bernhard an die Speirer und deutete hierbei denselben Psalm (übrigens nicht den 57., wie Otto citirt, sondern den 59., 11—12) noch stärker aus, indem er ausser genau den Worten, die Peter von Cluny benutzt hat, auch noch jene andern, auf die Zerstreuung der Juden über die ganze Welt bezüglichen anführte: Disperge illos in virtute tua.

Man darf hiernach wohl sagen: das damals lebende Geschlecht suchte nach einem höheren, einem göttlichen Rathschlag, um eine Richtschnur für ein gerechtes Verhalten gegen die Juden zu empfangen, und fand diesen Rathschlag in dem genannten Psalm. Dessen Worte gingen von Brief zu Brief und ohne Zweifel auch von Mund zu Mund. Otto von Freising lernte diese Worte in ihrer damaligen

Anwendung wohl schon durch mündliche Überlieferung kennen, und es mochte ihm dabei gesagt werden, dass vornehmlich Bernhard, der grosse Kreuzzugsprediger, der Erretter der Juden sich stets auf dieselben bezogen hatte. Ausserdem besass aber Otto, nur mit einer andern Adresse, eine Abschrift des Briefes an die Speirer, die er grösstentheils seinem Buch über die Thaten Kaiser Friedrichs einverleibt hat, und in der er alle jene Worte las und seinem Gedächtniss einprägte. Sollte nun Otto auf den Gedanken kommen, dass die anfänglichen „nuncios seu litteras", durch die Bernhard von den Judenverfolgungen abgemahnt hatte, sich vielleicht nicht ganz in der gleichen Ausdehnung auf dieselben Psalmworte berufen hätten wie das Schreiben an die Speirer? Oder sollen wir grossen Anstoss daran nehmen, dass Otto die in letztgenanntem Schreiben vorkommenden Psalmworte im Munde Bernhards schon vor dessen Abreise aus Frankreich erwähnt, während der Abt damals nachweisbar nur einige, aber die hauptsächlichsten eben dieser Worte in dem Schreiben an den Erzbischof von Mainz gebraucht hat?

Der Kern dieser Erörterung liegt darin, dass Ottos Erzählung von der Einmischung Bernhards in die deutschen Angelegenheiten die nöthige Genauigkeit, um unbedingten Glauben fordern zu können, entschieden vermissen lässt, und dass insbesondere die Erwähnung jener Psalmworte in der allernächstliegenden und allerbegreiflichsten Weise ungenau geworden sein kann, so dass an dieselbe eine strenge Schlussfolgerung kaum angeknüpft werden darf.

Wenn es nun aber so steht, so kann und soll man immerhin dem subjectiven Belieben des Einzelnen gestatten, auf die Worte Ottos ein höheres Gewicht zu legen und damit in Zweifel zu ziehen, dass das Schreiben an die Speirer erst im December 1146 entstanden ist; dagegen trage ich auch kein Bedenken, meinerseits zu erklären, dass ich, solange nicht entgegenstehende neue Quellen eröffnet oder etwa übersehene Aussagen der alten Quellen der Kritik zugänglich gemacht worden sind, dabei bleibe, die oben gegebene Entwickelung der deutschen Kreuzzugspredigt Bernhards und die späte Abfassung des Schreibens an die Speirer für das weit Wahrscheinlichere zu halten.

III.
Der Zug des deutschen Heeres.

Giesebrecht sagt mit vollem Recht: nichts ist dem Geschichtsschreiber Konrads III. empfindlicher als der Mangel an ausreichenden Nachrichten von deutscher Seite über den zweiten Kreuzzug. Wir besitzen in den Briefen Konrads, in den Werken Ottos von Freising, in den zahlreichen Annalen unsres Vaterlandes nur so fragmentarische Mittheilungen deutscher Federn über diesen Kreuzzug, dass wir uns grossentheils allein auf die Berichte der Franzosen und der Griechen angewiesen sehen. Dies ist natürlich am Peinlichsten hinsichtlich dessen, was die deutschen Kreuzfahrer selber gethan und gelitten haben sollen, und es erhebt sich hier der Verdacht, dass die fremden Schriftsteller die Fehler, Thorheiten und Niederlagen König Konrads und der Seinen arg übertrieben haben. Giesebrecht hat daher auch im Allgemeinen Recht, wenn er die Worte der Franzosen und Griechen misstrauisch prüft und nicht sofort jede Klage derselben über die Deutschen als begründet in seine Darstellung aufnimmt; es fragt sich nur, ob er hierbei nicht zu weit gegangen, nicht etwa zu Gunsten der Deutschen allzu nachsichtig geworden ist. Denn zwei schwer vereinbare Thatsachen stehen unerschütterlich fest, dass nämlich ein begeistertes und riesengrosses, Hunderttausende umfassendes Heer im Frühjahr 1147 die Gaue Deutschlands verlassen hat, und dass diese gewaltige Macht nach kaum begonnenem Kampfe in beispielloser Katastrophe, ebenso unerhört schnell wie beinahe vollständig zu Grunde gegangen ist. Eine solche Niederlage der Deutschen ist nur dann zu begreifen, wenn dieselben viele Fehler und Thorheiten begangen und in Unverstand und Zuchtlosigkeit sich dem Feinde gleichsam selber an das Messer geliefert haben. Giesebrecht ist nun auch im Ganzen eben dieser Meinung, aber er spricht davon in so gedämpftem Ton, erzählt so wenig Einzelnes von den Unthaten der deutschen Kriegsmänner oder den Verkehrtheiten der Heeresleitung, weil er dabei jenen fremden Berichten folgen müsste, dass nach seiner Darstellung der Eintritt der ungeheuren Katastrophe doch sehr unvermittelt erscheint.

Hier soll zum Beweise dessen vornehmlich nur die Episode besprochen werden, welche die Schicksale der Deutschen während ihres Aufenthaltes vor den Thoren von Konstantinopel umfasst. Denn hier weicht Giesebrecht von meiner wie von allen früheren Geschichten dieses Kreuzzugs am Weitesten ab.

Die Lage war in jenen Tagen, im September 1147, eine für alle Theile ausserordentlich gespannte. König Konrad und Kaiser Manuel waren verschwägert; Griechen und Deutsche waren in Fragen der europäischen Politik seit langen Jahren Freunde und Bundesgenossen; aber der Kreuzzug hatte jetzt mancherlei Entzweiung zwischen ihnen gesäet, so dass die Heerschaaren der beiden Völker sich gegenseitig mit kampflustigen Augen betrachteten und die fürstlichen Schwäger es vermieden, einander persönlich zu begegnen. Dazu kam noch, dass eben damals die Franzosen, in sehr gereizter Stimmung gegen die Griechen, auf Konstantinopel im Anzuge waren und ausserdem die Normannen die Küsten des Kaiserreiches zu plündern begonnen hatten.

Kaiser Manuel musste sich hiernach sagen, dass sich in jedem Augenblick ein ebenso unerwartetes wie furchtbares Kriegsungewitter gegen ihn zusammenziehen konnte, sobald nur etwa Deutsche, Franzosen und Normannen, wenn auch uneinig unter sich, gleichzeitig auf die Griechen losschlugen. Die drängendste Gefahr lag dabei augenblicklich in der Anwesenheit der Deutschen, der ehemaligen Freunde, vor den Thoren der Hauptstadt. Diese mussten so schnell als möglich dazu gebracht werden, den Bosporus zu überschreiten. Befanden sie sich nur erst auf asiatischem Boden, so hatte man ohne Zweifel von ihnen nicht mehr viel zu besorgen.

Andrerseits musste König Konrad unter diesen Umständen — wenn er seine Pflicht verstand und erfüllte — sein Augenmerk darauf richten, mit energischer Selbstüberwindung die alte Freundschaft zu den Griechen wiederherzustellen, da es wahrlich nicht in seinem Interesse lag, die Kraft derselben im Verein mit Franzosen und Normannen zu schwächen. Es war deshalb gut, wenn er zur Beruhigung des Kaisers über den Bosporus ging; oder falls er in Europa blieb, bis die Franzosen sich mit ihm vereint hatten, so hatte er um so entschiedner die Aufgabe, als Bundesgenosse Manuels sich darzustellen.

Was da nun zwischen den beiden gekrönten Häuptern und ihren Unterthanen sich ereignet hat, darüber haben wir nur einseitige Kunde und um diese dreht sich die Controverse zwischen Giesebrecht und mir.

Wir wissen mit voller Sicherheit nur das Eine, dass Konrad und Manuel sich damals gar nicht gesehen haben. Der deutsche König ist nach Konstantinopel gekommen, hat sich Tage lang in Pera aufgehalten, ist nach Asien hinübergegangen und hat bei Alledem mit seinem Verwandten und Bundesgenossen, der auch in Zukunft für ihn so überaus wichtig war, nicht eine einzige Zusammenkunft gehabt. Giesebrecht beruft sich zur Erklärung dieses auffallenden Umstandes auf Etiquettestreitigkeiten, die zu keinem Austrag zu bringen gewesen seien. Es darf aber wohl zweifelhaft erscheinen, ob lediglich aus diesem einzigen Grunde die beiden Fürsten in so ernster Zeit einander fern geblieben sind; und wenn uns nun eine andere Quelle von weiteren schlimmen Reibungen zwischen Deutschen und Griechen berichtet, so können wir immerhin eine Bestätigung derselben in dem Nichtzustandekommen persönlicher Berührungen der Herrscher finden.

Diese Quelle ist das Geschichtswerk des Griechen Cinnamus, der in den späteren Jahren des Kaisers Manuel dessen Geheimschreiber gewesen ist und sich mithin in einer verhältnissmässig ausgezeichneten Lage befunden hat, um über die uns hier beschäftigenden Vorgänge eine glaubwürdige Mittheilung zu machen.

Cinnamus erzählt von einem freundlichen Bemühen Manuels, den König Konrad, als die Deutschen sich der Hauptstadt nahten, zu einem Besuche in derselben zu bewegen. Der König sei darauf nicht eingegangen und es habe sich dann ein sehr gereizter Briefwechsel entsponnen, in welchem die Fürsten zu gegenseitigen bitteren Vorwürfen und zu feindseligen Drohungen kamen. Der Kaiser habe endlich einen Kampf zwischen seinen Truppen und den ungefügen Deutschen geschickt provocirt und die Letzteren für ihren rücksichtslosen Übermuth nachdrücklich bestraft. König Konrad sei hierdurch so eingeschüchtert worden, dass er, ohne die kaiserliche Flotte, wie er anfangs gefordert hatte, zur Überfahrt zu erhalten, auf andern Schiffen, an denen es im Bosporus nicht fehlte, in grösster Hast nach Asien hinüber segelte, um nur nicht gar von Manuel an der Fortsetzung des Kreuzzuges gehindert und zur Rückkehr nach Deutschland gezwungen zu werden. So habe Manuel erreicht, worauf für ihn in diesem Augenblick Alles ankam, dass nämlich diese unbotmässigen

Deutschen vor Ankunft der Franzosen ihr Lager in Pera verliessen und gleich darauf auch den Marsch in das Innere Kleinasiens begannen.

Giesebrecht will von beinahe Alledem nichts wissen. Er hält den von Cinnamus mitgetheilten Briefwechsel zwischen Konrad und Manuel für eine Erfindung des Autors; denn dieser Briefwechsel sei so, wie er vorliege, ganz undenkbar und stehe mit echten Actenstücken aus beiden Kanzleien, die wir besitzen, im schroffsten Contrast. Ebenso gehöre die Erzählung von einer Schlacht und Niederlage des deutschen Heeres sicher in das Reich der Erfindungen; sie sei mit allen älteren Nachrichten unvereinbar; und für alle diese ungeheuerlichen Dinge finde sich in den andern Quellenschriften nicht der geringste Anhalt.

Das sind starke Worte, und man darf wohl fragen, ob sie auf ebenso starken Gründen ruhen.

Wie schon bemerkt, wir kennen diese ungeheuerlichen Dinge nur durch Cinnamus und sind somit in der unangenehmen Lage, eine Überlieferung zu besitzen, die eingehend zu prüfen unmöglich ist. Auch ist die Glaubwürdigkeit dieses griechischen Geschichtsschreibers in ziemlich enge Gränzen eingeschlossen. Denn er berichtet ungenau über das, was seinem Gesichtskreise nur etwas fern liegt, und er ist überall von schroffem byzantinischem Hochmuth gegen die Franken erfüllt. Dazu kommt noch, dass die Sitte griechischer Historiographen, politische Reden nicht in derjenigen Gestalt ihren Werken einzuverleiben, wie sie wirklich gehalten worden sind, sondern dieselben im Charakter der jeweilig geschilderten Situation nach eignem Ermessen frei nachzubilden, vielleicht auch auf die Composition jenes Briefwechsels von einigem Einfluss gewesen ist.

Andererseits aber ist Cinnamus keineswegs phantastisch erregt wie fast alle andern Quellen-schriftsteller des zweiten Kreuzzugs. Er hat kein Ohr für den Schwall der Sagen, die sich an die Ereignisse jener Zeit geheftet haben. Er berichtet in präciser Kürze und Vertrauen erweckender Folgerichtigkeit. Die Vorgänge bei Konstantinopel im Herbst 1147 lagen seinem geistigen Gesichtskreise durchaus nicht fern, falls er damals auch noch jung an Jahren war. Von einem Briefwechsel der beiden Herrscher konnte er in seiner amtlichen Stellung sehr wohl Kenntniss erhalten. Kurz aus allen diesen Erwägungen lässt sich Manches für und Manches gegen seine Darstellung sagen, ohne dass wir aber irgend ein Recht erhalten, dieselbe nach Giesebrecht's Vorgang unbedingt zu verwerfen.

Jener Briefwechsel soll nun aber undenkbar sein und mit echten Actenstücken aus beiden Kanzleien im schroffsten Contrast stehen. Inwiefern denn? Cinnamus überliefert uns die Briefe nur im Auszuge, also nicht in einer Gestalt, welche für die gewöhnliche kanzleimässige Prüfung auf Echtheit oder Unechtheit irgend einen Anhalt böte. Auch handelt es sich wohl nicht durchweg um eigentliche Briefe, sondern zum Theil wenigstens um Reden deutscher Gesandten und des Kaisers Manuel, die daneben etwa schriftlich übergeben oder von griechischen Beamten nachgeschrieben worden sind. Und was den Inhalt dieser Reden und Briefe oder, mit einem kurzen Wort, dieses Briefwechsels anbetrifft, so lauten zwar diejenigen deutsch-griechischen Correspondenzen, die wir z. B. bei Otto von Freising und unter den Briefen Wibald's für andere Jahre finden, zumeist recht freundschaftlich: ist damit aber bewiesen, dass die beiden Herrscher im Jahr 1147, in der drohenden Situation am Bosporus, einander gar keine herben Worte geschrieben haben können?

Die Erzählung von einer Schlacht und Niederlage des deutschen Heeres soll dann sicher ins Reich der Erfindungen gehören, weil sie unvereinbar wäre mit allen älteren Nachrichten. Aber wir haben ja beinahe gar keine Nachrichten über die Schicksale der Deutschen bei Konstantinopel. Die paar kurzen, in der That noch vorliegenden Bemerkungen, die weiter unten genau geprüft werden sollen, sind eben viel zu kurz und arm, um als unvereinbar mit dem Bericht des Cinnamus bezeichnet werden zu können. Leidet indessen diese byzantinische Erzählung von gereiztem Briefwechsel, offenem Kampf und schliesslich erbärmlichem Kleinmuth auf deutscher Seite vielleicht an hoher innerer Unwahrscheinlichkeit? Hier ist wohl der Punkt, von welchem aus sich Giesebrecht seine Meinung gebildet hat und wo ich allerdings am Entschiedensten widersprechen muss. Dass Konrad und die Seinen anfangs reizbar, stolz und trotzig sich gezeigt haben, hernach aber voll Angst oder wenigstens in tiefer Verstimmung über ihre unglückselige Stellung zwischen Griechen, Franzosen und Normannen den Kreuzzug überhastig fortgesetzt haben, alles dieses stimmt mit der übrigen Geschichte dieses deutschen Pilgerheeres aufs Vollkommenste überein und dient auch seinerseits wieder zum Verständniss derselben. Und warum sollen die Griechen nicht durch listige Drohungen sowie durch geschickt angewendete Gewaltthat auf die Deutschen gedrückt, dieselben dadurch zu der vom Kaiser so sehnlich gewünschten Überfahrt über den Bosporus genöthigt haben?

Diese ungeheuerlichen Dinge verlangen, wie mir scheint, eine ganz andere Erwägung, als Giesebrecht angestellt hat. Sie sind so durchausg eheuer, passen so ungezwungen in den Rahmen der übrigen, sicher feststehenden Ereignisse, zeigen sogar einen so typischen Charakter — als ob ihnen ein allgemeines Bild solcher Verwickelungen zu Grunde läge, wie dergleichen zwischen rohen Kreuzfahrerhaufen und listigen Griechen oftmals sich ergeben haben — dass ich vielmehr auf den Gedanken gekommen bin, Cinnamus könne seine ganze

Erzählung nach dem Muster eines älteren Vorgangs componirt, d. h. im Wesentlichen von einem älteren Berichte abgeschrieben haben. Ich habe deshalb die umfangreichen Erzählungen, welche Anna Komnena von den kriegerischen und friedlichen Berührungen zwischen den Kreuzfahrern und Kaiser Alexius von 1096—1108 giebt, d. h. von der Landung Hugos von Vermandois auf griechischem Boden bis zur Niederlage Boemunds bei Durazzo, darauf durchgelesen, ob in ihnen vielleicht eine Quelle für die Darstellung des Cinnamus zu entdecken sein möchte, aber ich habe in dieser Beziehung nichts gefunden.

Es ist mir vielmehr durch diese Lectüre nur der andere Eindruck entschieden gestärkt worden, dass in den Jahren 1096—1108 Kreuzfahrer und Griechen, besonders immer vor den Thoren von Konstantinopel, in ganz ähnlicher Weise wie im Herbst 1147 sich mit Argwohn und Trotz beobachtet, mündlich und schriftlich gereizte Worte ausgetauscht und die Waffen gegen einander gezückt haben, weil eben ähnliche Ursachen stets ähnliche Wirkungen hervorbrachten. Eine Menge von dem, was Anna Komnena berichtet, wäre vielleicht schon einmal als ungeheuerlich bei Seite geworfen worden, wenn nicht ihre Glaubwürdigkeit im Grossen und Ganzen auch in diesen Dingen durch andere Quellen genügend verbürgt wäre. Wenn wir aber der kaiserlichen Prinzessin für das Zeitalter des ersten Kreuzzuges Vertrauen schenken, warum dann nicht auch dem kaiserlichen Geheimschreiber für diejenige Episode des zweiten Kreuzzuges, von der er am Sichersten Kenntniss haben konnte?

Giesebrecht erwähnt schliesslich noch, dass die Würzburger Annalen (Mon. Germ. SS. XVI) leere Fictionen über einen freundlichen persönlichen Verkehr Konrads und Manuels bei Konstantinopel enthalten, und er meint, dass „nicht minder" die Erzählungen des Cinnamus Erfindungen seien. Das ist aber eine unglückliche Zusammenstellung, denn jene Annalen sind ein merkwürdiges Product der erregten, Sagen schaffenden Phantasie. Bei Cinnamus ist grade von solcher Stimmung nichts zu bemerken.

Wir haben also kein Recht, den Bericht dieses Griechen schlechtweg zu verwerfen. Wir brauchen ihn nicht Wort für Wort als beglaubigte Geschichte anzunehmen; wir können immer betonen, dass leider nur dieser einzige Mann uns über jene Ereignisse unterrichtet; wir dürfen vermuthen, dass herbe byzantinische Gesinnung bei der Ausmalung des Einzelnen, besonders vielleicht bei der Gestaltung des Wortlauts jener Briefe mitgewirkt hat — aber zu stärkerer Abkehr von dieser Überlieferung haben wir offenbar kein Recht.

König Konrad hat darnach seine Herrscheraufgabe bei Konstantinopel herzlich schlecht erfüllt. Anstatt mit allen Mitteln nach guten Beziehungen zu Kaiser Manuel zu streben, hat er so gehandelt, dass grossentheils durch seine Schuld das Zerwürfniss mit den alten Bundesgenossen immer schlimmer geworden ist, bis er endlich, seiner ursprünglichen Absicht entgegen, in plötzlicher Aufwallung den Bosporus überschritten und den Marsch nach Asien hinein mit einem durch die letzten Erlebnisse noch ärger verwilderten Heere angetreten hat.

Alledem gegenüber beruft sich Giesebrecht aber sowohl auf das Schweigen wie auf das Reden der übrigen Quellen. Odo von Deuil und der etwas später schreibende Grieche Nicetas melden freilich beinahe nichts von dem, was Cinnamus erzählt. Aber ist dies besonders auffallend? Cinnamus spricht von einem Briefwechsel, der jedem andern Geschichtsschreiber leicht verborgen bleiben konnte, und schildert eine Kampfesscene, die nicht so hochbedeutend gewesen zu sein braucht, dass jene beiden Autoren, die nur sehr fragmentarische Kenntnisse von dem Schicksale der Deutschen hatten, sie nothwendiger Weise in Erfahrung bringen und uns überliefern mussten. Nicetas schweigt übrigens nicht ganz, sondern bringt wenigstens eine kurze Mittheilung, welche sich an den Bericht des Cinnamus gut anschliesst. Darnach wurde Konrad gleich nach seiner Ankunft vor Konstantinopel gezwungen, über den Bosporus zu gehen — εὐθὺς τὴν στρατιὰν εἰς τὸ ἀντιπέραν διαπορθμεύειν ἠναγκάζετο —, obgleich er sich anfangs dagegen sträubte und prahlte, es stehe bei ihm zu gehen oder zu bleiben. Nicetas ist grossentheils freilich ein sehr kritikloser Schriftsteller, namentlich weil er in merkwürdiger Weise von der schwärmenden, sagenfreudigen Stimmung der Kreuzfahrer erfüllt ist; doch bringt er auch einige gute Notizen, die auf localer Tradition ruhen mögen, besonders über den Zug der Kreuzfahrer bis Konstantinopel. Giesebrecht benutzt ihn deshalb gern und hätte wohl auf die obige Stelle mehr Gewicht, als er gethan hat, legen sollen.

Von anderen Quellen kommt zunächst Wilhelm von Tyrus in Betracht. Es ist aber schon oben, im ersten Abschnitt dieser Untersuchungen, ausführlich erörtert worden, dass seine hierher gehörige Mittheilung im Wesentlichen falsch ist. Deshalb braucht jetzt nur noch einmal auf das Körnchen von Wahrheit, welches möglicher Weise seinen Worten zu Grunde liegt, hingewiesen zu werden, dass nämlich König Konrad sich bei der Überfahrt über den Bosporus durch einige deutsche Fürsten von Manuel verabschiedet habe. So unsicher diese Thatsache auch überliefert ist, weshalb man sie besser bei Seite lässt, so würde wenigstens ihre Anfügung an den Bericht des Cinnamus keine Schwierigkeiten machen. Denn nur so lange die Deutschen in trotziger Gesinnung vor Konstantinopel lagerten, war Feindschaft zwischen ihnen und den Griechen gleichsam geboten. Sowie sie aber über den Bosporus gingen, konnte, ja musste beinahe, weil beiderseitige Interessen sehr stark dahin drängten, ein gutes Verhältniss zwischen ihnen sich wiederherstellen.

Sodann berichten die Pöhlder Annalen (Mon. Germ. SS. XVI 82): (Conradus) prope menia Constantinopolis urbis cum suis castra metatus est, ubi magnifice cum omni exercitu a Grecis et a rege Grecorum excipitur, multis insuper ab eodem muneribus ampliatur, non absque suorum invidia. Ich habe mich früher dahin ausgesprochen, dass diese Bemerkung wohl auf einer Verwechslung der beiden Aufenthalte Konrads am Bosporus beruhen möge: im Herbst 1147 war Feindschaft zwischen ihm und Manuel; im Anfang des Jahres 1148, nach der Vernichtung seines Heeres, wurde er von dem Kaiser mit der entgegenkommendsten Güte aufgenommen. Aber wir können auch streng am Wortlaut der meist gut unterrichteten Pöhlder Annalen festhalten. Denn wir wissen ja aus Cinnamus selber und ähnlich auch durch Odo von Deuil, dass Manuel in dem Augenblick, als das deutsche Heer auf Konstantinopel heranzog, sich bemüht hat, in freundlichen Verkehr mit Konrad zu treten. Kann er nicht hierbei dem Könige reiche Gastgeschenke geschickt haben, und genügt dies nicht, um den herrlichen Empfang der Deutschen vor den Mauern von Konstantinopel, von dem die Pöhlder Annalen reden, zu erklären? Auch diese Überlieferung stünde dann nicht im Widerspruch mit dem Berichte des Cinnamus, der uns eben meldet, wie trotz der freundschaftlichen Bemühungen Manuels feindselige Tage gefolgt sind, und der überdies auch davon spricht, dass Konrad vom Kaiser Gastgeschenke — ἵππους δρομικοὺς μάλιστα — erhalten habe.

Die Pöhlder Annalen erzählen endlich noch, dass Konrad damals den Rath Manuels hinsichtlich der Fortsetzung des Kreuzzuges erbeten habe, was mit der Darstellung des Cinnamus wiederum im Wesentlichen völlig übereinstimmt. Ein Unterschied zwischen beiden Berichten besteht nur darin, dass die Annalen diese Bitte vor der Überfahrt des Königs über den Bosporus erwähnen, während Cinnamus zuerst von der Überfahrt und dann von jener Bitte spricht. Dieser kleine Unterschied hat um so weniger Bedeutung, als sogar nach der Darstellung der Annalen Konrad nur kurz vor der Abfahrt von Pera und somit nach Ablauf jener feindseligen Tage die Bitte um Rath an Manuel gerichtet zu haben braucht.

Hiermit dürfte die Kritik der Quellen, von denen die Entscheidung unsrer Controverse abhängt, erledigt sein. Denn es giebt zwar noch ein paar Stellen, in denen von guten Beziehungen zwischen Konrad und Manuel bei Konstantinopel die Rede ist (s. Annales Casinenses und Romoaldi Annales, Mon. Germ. SS. XIX 310, 424). Dieselben enthalten aber nichts sachlich Neues und finden sich in so kurzen oder fehlerreichen Berichten über den zweiten Kreuzzug, dass es wohl kaum nöthig ist, noch weitere Worte über sie zu verlieren.

Zwischen allen jenen Mittheilungen der Griechen und der Franken hat Giesebrecht, um auch dies noch zu bemerken, schliesslich eine Vermittelung versucht, die besonders unstatthaft sein dürfte. Er meint, die Herrscher hätten sich nicht gesehen, seien aber „doch bald in freundliche Beziehungen zu einander getreten". Dem Kaiser habe allerdings nichts mehr am Herzen gelegen, als die Deutschen möglichst schnell von seiner Hauptstadt wieder zu entfernen, und der König habe auf die ersten Mahnungen Manuels zum Abzug ausweichende Antworten ertheilt; nach kurzer Zeit sei Konrad jedoch nachgiebiger geworden; „die Bitten des Kaisers" und der eigne Wunsch, den Kampf nicht länger zu verzögern, hätten ihn zu dem Entschluss gebracht, sein Heer über die Meerenge zu führen.

Nach den Gesetzen der historischen Kritik ist diese Darstellung wohl schwerlich die richtige.

Kurze Zeit, nachdem das deutsche Heer den Einmarsch nach Kleinasien begonnen, hat es sich in zwei Theile getrennt, indem sich Graf Bernhard vom Lavantthal, Bischof Otto von Freising, Konrads eigner Bruder, und Bischof Udo von Zeitz mit etwa 15000 Mann, meist Fusstruppen, von der Hauptmasse loslösten. Giesebrecht hat darauf hingewiesen, dass gewisse Nachrichten von Zwistigkeiten unter den deutschen Kreuzfahrern nicht für sich allein, sondern nur im Zusammenhang mit dieser Theilung zu betrachten sind. Er hat hiermit vermuthlich Recht, aber er geht wieder zu weit, wenn er nun von Zerwürfnissen im deutschen Heere eigentlich nichts wissen und in der Ablösung jener 15000 von den Genossen „nicht so sehr eine Auflehnung gegen den König, als vielmehr eine Vertheilung des Heeres, welche dieser selbst veranlasst hatte", sehen will.

Odo von Deuil sagt: (Alemanni) oborto scandalo schisma fecerunt. Die Pöhlder Annalen zeigen deutlich, was das für ein scandalum gewesen ist. Wir können darnach und mit Beachtung sonst bekannter Umstände mit ziemlicher Sicherheit erkennen, in wie unheilvoller Weise diese Heerestheilung zu Stande gekommen ist.

Die Schaaren, welche König Konrad über den Bosporus führte, machten eine gewaltige Masse aus, wahrscheinlich einige hunderttausend Köpfe stark. Wem das übertrieben erscheint, der ist auf Giesebrecht zu verweisen, welcher, wie ich glaube mit Recht, von der ungeheuren Grösse aller Kreuzheere des Jahres 1147 noch nachdrücklicher redet, als ich dies gethan. Unter jenen Hunderttausenden befanden sich zahlreiche, gut bewaffnete und berittene Kriegsmänner; neben diesen zog aber auch ein unendlicher Tross von Fussknechten, unbewaffneten Pilgern und Weibern nach Asien hinein. Konrad fasste deswegen den an sich ganz richtigen Gedanken, allein mit den ritterlichen Geschwadern auf die Türken loszureiten, dem Tross dagegen

Geld zu geben und ihm damit irgend eine leichte Wanderung oder Fahrt nach Jerusalem zu ermöglichen. Aber die Zucht im Heere war schon so arg gelockert, dass Konrads wohlgemeintem Vorschlage bei einigen Haufen wilder Aufruhr folgte: wenn der König uns verachtet, so wurde geschrieen, dann wollen auch wir uns von ihm lossagen und uns einen andern Führer wählen. Konrad erschrak hierüber ernstlich und versuchte die Aufgeregten zu beruhigen, gab ihnen jedoch schliesslich sehr weit nach, indem er ihrer 15000 unter dem von ihnen erwählten Führer, dem kärnthnischen Grafen Bernhard, ziehen liess. Das war keine glückliche Heerestheilung, denn die kampfbereite Ritterschaar blieb auch darnach noch, soweit wir irgend wissen, von einem übergrossen Tross gehemmt; und die 15000 Fussgänger sind bei ihrer geringen Wehrhaftigkeit den Türken förmlich nur unter das Messer geliefert worden. Das Einzige, worin die Aufrührer, wie es scheint, dem Könige zu Willen waren, bestand darin, dass sie einen Prinzen des königlichen Hauses, den Bischof von Freising, in ihre Reihen aufnahmen und denselben wohl als Oberanführer sich gefallen liessen. Darnach machte ihr Abmarsch wenigstens nicht mehr den Eindruck einer schlechthin feindseligen Abtrennung von dem grossen Heere.

Die furchtbare Katastrophe, der König Konrad und die Seinen erlegen sind, ist schwer zu begreifen, wenn man sich auch möglichst lebendig vergegenwärtigt, in welchem Zustande mehr noch moralischer als materieller Verwilderung und Auflösung das deutsche Heer an den Feind gekommen sein mag. Denn in diesem Heere befanden sich noch genug starke Rittersmänner, um bei nur leidlich verständiger

Kriegsführung jeden Widerstand bis nach Edessa hin zu Boden zu werfen, und zwar um so leichter, als dieselben in Wahrheit bisher wenige ernstliche Mühen erduldet hatten. Der Forscher sucht deshalb nach weiteren Erklärungen für das schnell hereingebrochene Unglück, kann sie aber höchstens finden in der Art, wie die Kreuzfahrer und die Türken handgemein geworden sind. Hierüber geben jedoch unsere meisten Quellen keine brauchbaren Aufschlüsse, da sie ganz durchtränkt sind von der Sagenfluth, die aus dem Entsetzen über die plötzliche Vernichtung des deutschen Heeres hervorgeströmt ist. Auch Konrad, der seine Niederlage in einem Briefe an den Abt Wibald erwähnt, giebt uns, offenbar absichtlich, keine genügende Aufklärung über die wahren Ursachen derselben. Da hilft uns Cinnamus, der mit kurzen trockenen Worten dasjenige meldet, was das an sich Wahrscheinliche und Natürliche ist. Darnach sind die deutschen Ritter, als sie in der Gegend von Doryläum, man darf wohl sagen, aus dem griechischen Gebiet grade in das Land der Feinde einrückten, auf einige Schaaren leichter türkischer Reiter gestossen und haben, statt mit der nöthigen Vorsicht anzugreifen, sich ohne jede Überlegung in tollem Rennen auf den Feind geworfen. Die Türken sind ihrer Gewohnheit nach geflohen, d. h. sie sind auf ihren ausgeruhten Pferden dem Anprall ausgewichen, bis die christlichen Reiter erschöpft anhalten mussten. Dann sind sie auf die Ermüdeten losgebrochen und haben erst unter den Rittern, bald aber auch unter den Massen des Trosses so blutig gehaust, dass der anfängliche Hochmuth der Deutschen in ebenso tiefe Verzagtheit umgeschlagen und dadurch das weitere Unheil hervorgerufen worden ist.

Ein solcher Hergang erscheint natürlich und glaublich. In Giesebrecht's Bericht findet sich dagegen wieder etwas von der Unklarheit der Sage, wenn er erzählt: Bis Doryläum hatten die Feinde den Zug wenig belästigt; nun aber zeigten sich plötzlich im Rücken desselben gut berittene Bogenschützen in grosser Zahl, welche den nachbleibenden Tross der Deutschen angriffen und Vielen tödtliche Wunden beibrachten, ohne dass nur Gegenwehr möglich war. Die Entmuthigung erreichte in dem völlig erschlafften Heere einen solchen Grad, dass der König ein weiteres Vorgehen für unmöglich hielt u. s. w. Konrad also und die vielen Tausende tapferer Ritter sind gewichen, weil die Türkenpfeile den Tross decimirten? Und wie sollen gut berittene Bogenschützen plötzlich in grosser Zahl im Rücken des deutschen Heeres aufgetaucht sein, in dem Augenblick, als diese ungeheure Kreuzfahrermasse sich nach längerem Gebirgsmarsch in ebneren Gegenden zu entfalten begann und dabei ungefähr den ersten Schritt ins feindliche Land hinein that?

Cinnamus steht mit seiner Darstellung übrigens nicht ganz allein. Hie und da finden sich Spuren, die auf denselben Gang der Ereignisse wie bei Cinnamus hindeuten. Besonders ist dies der Fall bei Gerhoh von Reichersberg, dem Giesebrecht sonst mehr als rathsam folgt. Denn Gerhoh verbreitet sich im liber de investigatione Antichristi, und zwar in einem Zusammenhang, der von der oben erörterten Tendenz dieses Autors nicht berührt zu sein scheint, darüber, dass die Deutschen grossentheils deshalb besiegt worden seien, weil sie auf ihren müden Rossen ganz vergeblich den schnellen Feinden nachjagten und schliesslich halb wehrlos denselben zum Opfer fielen.

Zum Schlusse noch ein Wort über den Verrath der Jerusalemiten vor Damask. Dass der Verrath stattgefunden hat, ist zweifellos; wir können die Art und Weise, wie er ausgeübt worden ist, klar erkennen. Wir verstehen auch die Beweggründe; denn es lag in den engen partikularen Interessen sowohl der Damascener wie der Jerusalemiten, sich der Kreuzfahrer möglichst schnell zu entledigen. Eben deshalb aber haben wir keine weiteren Beweggründe nöthig, um das Ereigniss zu begreifen. Und wenn Giesebrecht den alten Vorwurf der Bestechung von Neuem gegen die Jerusalemiten erhebt, so müssen wir fragen, auf welche zuverlässigen Quellen er sich dabei stützt. Wilhelm von Tyrus, in dieser Sache wenigstens eine sehr gute Autorität, untersucht eingehend die ganze Angelegenheit und das Ergebniss ist, dass man wohl den schmählichen Verrath beklagen, aber einen weiteren bestimmten Vorwurf, also auch den der Bestechung, nicht aussprechen kann. Alle andern Autoren, Orientalen wie Occidentalen, waren kaum in der Lage, Sicheres von einem Acte zu erfahren, der doch in Heimlichkeit vor sich gegangen sein muss. Das allgemeine Gerede der Annalisten über die Bestechung zeigt nur, dass man allgemein überzeugt war, die Jerusalemiten hätten Geld genommen, nicht ebenso gewiss, dass es wirklich geschehen ist. Sollte Giesebrecht vielleicht zu viel auf die Worte Gerhoh's gegeben haben, der allerdings sehr bestimmt und ausführlich von der Bestechung redet? Dann aber müssten wir noch einen Schritt weiter gehen und die ebenso bestimmte Versicherung Gerhoh's annehmen, dass die Jerusalemiten pro auro cuprum fucatum erhalten haben.